문화재를 지킨 사람들

잊힌 역사의 조각들을 되찾다

===============

문화재를 지킨 사람들
잊힌 역사의 조각들을 되찾다

◆ 허지영 그림
◆ 안민영 글

책과함께어린이

◆ 작가의 말

문화재를 지키는 사람들의 첫걸음

문화재는 원래 자리에 있을 때, 의미와 맥락이 정확히 전달될 수 있어요. 그러나 문화재 중에는 제자리를 떠나 다른 곳에 가 있는 경우가 있어요. 전쟁을 겪으면서, 외세에 의해 불법 약탈되어서, 외국인이 구매해서, 몰래 나라 밖으로 팔려 나가면서, 또는 알 수 없는 경로로 해외로 빠져나간 것이지요. 이러한 경우가 아니더라도 문화재를 보존하는 일은 결코 쉽지 않지요.

이 책에서는 문화재를 지키기 위해 여러 방법으로 애쓴 사람들의 이야기가 펼쳐져요. 발견, 증명, 보존, 환수, 기증한 사람들의 이야기지요. 먼저, 문화재를 발견하고 그것이 우리 문화재라는 것을 증명한 사람들은 그저 우리 문화재에 대한 열정 하나로 좋은 결과를 얻었어요. 그들은 관련 직업에 종사한다거나 특별한 지위에 있어서였던 것만은 아니에요. 누군가는 단순한 호기심에서, 또 다른 이는 민족 차별에 대한 울분에서 출발했어요.

그러나 이들에게는 한 가지 공통점이 있었어요. 궁금한 것이 생겼을 때, 흘려 보지 않은 태도였지요. 그들은 호기심의 끈을 놓지 않고 주변 이들에게 끊임없이 물으며 탐구했어요. 100여 년 전의 신문이나 일기에 적혀 있던 단 한 줄의 문장을 보고 직접 그 자리를 찾아가 보는 열정을 보였어요. 궁금해하는 마음과 확인해 보고자 하는 태도로, 다른 이들보다 한 발 더 디딘 이들은 잊힌 문화재를 찾아낼 수 있었죠.

유출된 문화재를 찾아오거나, 해외에 있는 우리 문화재를 기증한 사람들의 이야기도 있어요. 문화재가 우리나라 밖으로 나갔다고 해서, 돌려 달라고 강제할 수는 없어요. 정당한 방법으로 구매를 했다면, 그것은 개인의 재산이 되기도 하거든요. 그러다 보니 우리 문화재를 소장한 사람의 마음을 잘 얻어 내는 것도 중요한 일이지요. 이 책 속 인물들은 해당 문화재가 한국인들에게 어떤 의미가 있는지, 국내에 있을 때 얼마나 더 빛날 수 있는지를 설득해서 돌아오게 했어요. 또한, 문화재를 소장하고 있던 해외 기관이나 개인 역시, 그 뜻을 존중해서 기증하는 경우도 있었어요.

문화재는 현재를 존재하게 한 토대이자 역사의 한 조각이에요. 동시에 누군가에게는 인생의 결정적인 한 조각이 되기도 해요. 이 책 속 인물들은 저마다 문화재를 조사하고 탐구하고 보존하고 환수나 기증을 하면서 삶이 바뀌는 경험을 한답니다. 여러분 역시 책을 통해 그들의 삶을 되짚어 보고 '내 마음속 문화재'를 하나씩 만들어 보길 바랄게요. 거기서부터 문화재를 지키기 위한 일이 시작되는 거니까요. 그 마음이 모이면 우리 모두 문화재를 위해 출동하는 어벤져스가 될 거라고 믿고 있어요.

안민영

◆ 차례

작가의 말 4

문화재를
'발견한'
사람들

1. 프랑스에서 세계 최초 금속 활자본을 찾고 증명하다 11
   박병선:《직지심체요절》

2. 일본에서 경복궁 건물 일부를 찾다 21
   김정동: 경복궁 자선당 유구

3. 독일 수도원에서 겸재의 그림을 찾고 가져오다 33
   유준영과 선지훈: 겸재 정선 화첩

문화재를
'지켜 낸'
사람들

4. 임진왜란 속에서《조선왕조실록》을 지켜 내다 45
   안의와 손홍록:《조선왕조실록》

문화재를
'수집한'
사람들

5. 일본에 흩어진 우리 문화재를 모으다 57
   정조문: 고려 미술관

6. 추사 김정희의 그림과 얽히다 67
   손재형, 후지즈카 부자(父子), 손세기와 손창근:〈세한도〉

우리 문화재 반환에 힘쓴 '외국인과 외국 기관'

7. 조선의 석탑을 돌려주라고 외치다 79
베델과 헐버트: 개성 경천사지 십층 석탑

8. 신미양요 때 빼앗긴 깃발을 되찾아 오기 위해 행동하다 91
토마스 듀버네이: 어재연 부대의 수자기

9. 우리 문화재를 무상으로 돌려주다 103
독일 로텐바움 박물관과 오틸리엔 수도원: 조선 시대 문인상과 면피갑

문화재를 돌아오게 한 '여러 사람과 단체들'

10. 진주 대첩 김시민 장군 문서를 찾고 가져오다 113
방송 프로젝트와 대국민 모금 운동: 김시민 선무공신교서

11. 임진왜란 정문부 장군의 비석을 찾아오다 123
불교계 민간단체 외 여러 단체와 정부 기관: 북관 대첩비

12. 일본으로 빠져나간 묘지를 찾아오다 135
국외 소재 문화재 재단: 이선제 묘지

문화재 발걸음 149

1
프랑스에서 세계 최초 금속 활자본을 찾고 증명하다

박병선:《직지심체요절》

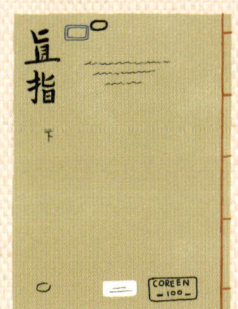

도장을 만들어 실험하던
프랑스 유학생

1967년, 프랑스에 유학 와 있던 학생 박병선은 도장을 만들고 찍기를 반복하고 있었어요.

"도장을 파기에 좋은 재료로 뭐가 있을까? 냉장고에 있는 감자로 한번 만들어 볼까?"

박병선은 감자를 네모나게 자른 뒤에, 조각칼로 글자를 새겨 넣고 스탬프잉크를 묻혀 찍었어요.

"아, 이건 아닌가 봐. 종이에 감자의 결이 함께 찍히잖아. 도장을 찍었을 때 드러나지 않는 재료는 없을까?"

이번에는 나뭇조각에 글자를 파서 찍어 보았어요. 그러나 감자로 도장을 만들었을 때와 마찬가지로 종이에는 나무결이 그대로 드러나 있었지요.

박병선은 얼마 전 프랑스 국립 도서관에서 본 인쇄물과 똑같은 형태를 만드는 실험을 하고 있었어요. 인쇄물이 찍힌 글자에는 별다른 무늬가 없는데, 실제 이런저런 재료로 시도할 때마다 재료의 결이 드러나는 결과물이 나오고 말았지요.

박병선은 그 다음 진흙으로 도장 만들기를 시도해 보았어요. 진흙을 오물조물 주물러 만든 도장에 글자를 새겼지요. 그리고 오븐에 넣어 굽기 시작했어요. 얼마 뒤, 부엌에서는 갑자기 펑 하는 폭발음이 들려왔어

요. 오븐 속에 있던 진흙 덩어리가 터져 버리고 만 거예요.

박병선은 프랑스 땅에서 왜 이런 실험을 하고 있었던 걸까요. 박병선이 똑같이 만들려고 했던 인쇄물은 무엇이었을까요.

프랑스 국립 도서관 창고에서 발견한 낡은 책

박병선은 프랑스에서 역사 민속학을 공부하던 유학생이었어요. 처음에는 프랑스에서 행정학 공부를 하고 나서 우리나라에 돌아와 학교를 운영할 계획이었어요. 그러나 박병선을 향한 프랑스인들의 질문은 박병선의 진로까지 바꾸어 놓아요.

박병선이 유학 온 1955년은 한국 전쟁이 끝난 지 2년여밖에 되지 않았던 시기라, 우리나라에서 해외로 유학을 가는 게 그리 쉬운 일은 아니었어요. 프랑스에도 유학을 하고 있던 한국인이 많지 않았어요. 그래서인지 프랑스인들은 종종 아시아의 낯선 나라에서 온 유학생에게 "너희 나라의 넋은 무엇이냐.", "너희 나라의 원시 종교는 무엇이지?"와 같은 질문을 던지곤 했어요. 박병선은 우리 민족의 뿌리에 대한 질문을 받을 때마다 고민을 거듭했어요. 결국, 이런 고민은 박병선이 전공을 행정학 대신 역사 민속학으로 바꾸는 계기가 되었답니다.

계속해서 프랑스에서 공부를 하던 박병선은 1967년 무렵, 프랑스 국립 도서관에서 아시아 분야의 자료를 정리해 달라는 제안을 받아요. 도서관에서 직장 생활을 할 거라고는 생각해 본 적 없었지만 고민 끝에 일을 맡기로 결심하지요. 도서관에서 일을 하면 책만큼은 마음껏 볼 수 있을 거라고 생각했던 거예요. 그곳에서 세계사를 뒤집을 큰일이 벌어질 줄 상상도 못한 채 말예요.

도서관에서 근무한 지 몇 해가 지난 1972년 어느 날이었어요. 박병선은 프랑스 국립 도서관 별관 창고에서 낡은 책 한 권을 발견해요. 오래된 중국 서적 속에 섞여 있던 그 책은 바로, 고려 시대에 제작된 《직지심체요절》이었어요. 《직지심체요절》은 고려 말기 스님인 백운 화상이 만든 책으로, 부처와 여러 스님이 나눈 대화와 편지 중에서 중요한 내용만 뽑아서 편집한 것이랍니다. 이 책은 한자로 쓰여 있다는 이유로 그동안 프랑스 국립 도서관에서 중국 책으로 분류해 온 거예요.

그런데《직지심체요절》은 왜 프랑스에서 발견된 걸까요. 이런 상황을 이해하려면 19세기 말 우리나라 상황을 살펴봐야 해요. 우리나라는 1882년부터 미국을 시작으로 독일, 영국, 러시아 등 서양 세력과 차례로 통상 조약을 체결하며 문호를 개방했어요. 그런 가운데 1886년 프랑스와 조약을 체결하고, 최초의 프랑스 공사(조약국에 상주하기 위해 파견되는 외교 사절)로 콜랭 드 플랑시가 조선으로 오지요.

콜랭 드 플랑시는 문화재 수집에 관심이 많은 사람이었어요. 그는 우리나라 서적들을 수집해 두었다가 프랑스로 돌아가서 파리 만국 박람회에 그 책들을 출품했어요. 그 목록에《직지심체요절》이 함께 있었답니다. 이러한 내용은 플랑시가 서지학자(도서를 연구하는 학자) 모리스 쿠랑과 함께 작업한《조선 서지》에 기록되어 있기도 해요.

그 뒤에 플랑시는《직지심체요절》을 경매에 내놓아요. 문화재를 소장한 사람이 경매에 문화재를 내놓으면 가장 높은 값을 부르는 사람이 살 수 있지요.《직지심체요절》을 구입한 사람은 골동품 수집가 앙리 베베르 였어요. 그는《직지심체요절》을 계속 가지고 있지 않고, 1950년 프랑스 국립 도서관에 기증을 합니다. 이런 과정을 거쳐 고려 시대에 제작된《직지심체요절》이 프랑스 국립 도서관에 보관되어 있던 거예요. 심지어 잘못 분류되어 중국 서적들과 함께 도서관 별관 창고에서 잠들어 있었어요. 이 책이 박병선에게 발견되기까지 참으로 오랜 시간이 걸렸지요. 그 전까지는 '1900년 파리 만국 박람회에 출품되었다.'라는 기록에서만 확인할 수 있었던《직지심체요절》이 모습을 드러낸 순간이었어요.

새로운 과제와
마주하다

어쩌면 이 글을 읽는 친구들은 프랑스에서 발견한 《직지심체요절》이 우리나라 문화재라는 사실을 어떻게 확인할 수 있었는지 궁금할지도 모르겠어요. 답은 책 속에 있었어요. 책에는 언제 어디서 무엇으로 인쇄했는지가 명확하게 기록되어 있었어요.

선광 7년(1377년) 7월 청주 흥덕사에서 금속 활자로 찍어 널리 배포했다.

청주 흥덕사라는 구체적인 제작 장소와 1377년이라는 시기까지 표기되어 있어 고려 말기에 제작된 것임을 알 수 있었지요. 이뿐 아니라, 이 책을 수집했던 콜랑 드 플랑시가 표지와 안쪽에 '1377년 흥덕사에서 금속 활자로 간행된 가장 오래된 금속 활자본'이라고 메모해 둔 흔적도 남아 있었어요.

무엇보다 가장 중요한 단어는 '금속 활자'였어요. 세계사를 뒤집을 수 있는 중요한 단서였기 때문이에요. 이전까지 세계 최초의 금속 활자본은 1400년대 초 독일 구텐베르크가 만든 것으로 알려져 있었어요. 하지만 《직지심체요절》에 쓰여 있는 대로, 1377년에 고려에서 제작했다고 하면 '최초'라는 수식어가 바뀔 만한 사건이 되는 것이었지요. 고려에서 독일보다 대략 70년 정도 먼저 금속 활자를 만들었다는 이야기가 되는

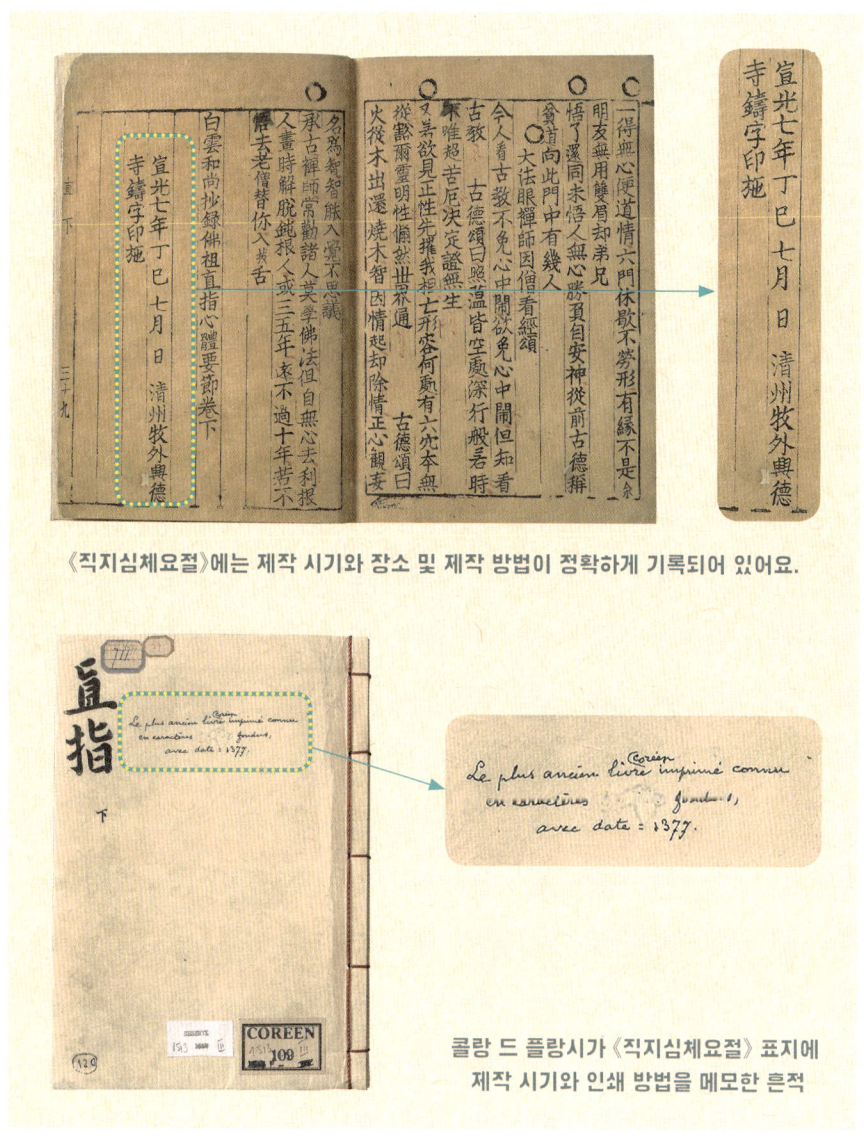

《직지심체요절》에는 제작 시기와 장소 및 제작 방법이 정확하게 기록되어 있어요.

콜랑 드 플랑시가 《직지심체요절》 표지에 제작 시기와 인쇄 방법을 메모한 흔적

거니까요.

그래서 《직지심체요절》이 금속 활자로 제작된 인쇄물인지를 정확하게 검증할 필요가 있었어요. 박병선은 도서관 별관 창고에서 우리 문화

재를 발견한 기쁨도 잠시, 이것이 금속 활자로 찍은 것임을 입증해야 하는 새로운 과제 앞에 서게 되었죠.

금속 활자 인쇄본임을 증명하다

우선 금속 활자가 무엇인지 궁금한 친구들을 위해 간단히 설명할게요. '활자'란 말 그대로 '움직이는 글자'라는 뜻이에요. 낱개로 된 글자를 틀에 끼워 찍어 내는 방식을 활판 인쇄라고 하는데, 이때 사용하는 낱개로 된 글자를 활자라고 하지요.

활자로 인쇄하면 어떤 점이 좋을까요. 활자를 사용하기 이전 방식과 비교해 볼게요. 활자를 활용하기 전에는 주로 목판 인쇄를 사용했어요. 목판 인쇄의 경우, 100장짜리 책을 만들기 위해서는 100장의 목판을 칼로 새겨야 해요. 책 한 쪽당 나무판 하나를 사용하기 때문이에요. 하지만 활자를 사용할 때는 틀을 만들어 놓고 한 면에 필요한 글자만 바꿔 끼우면 돼요. 이미 만들어진 활자들을 조합하면 되니 훨씬 실용적인 방식이라 할 수 있어요.

하지만 활자도 몇 가지 약점이 있어요. 글자를 틀에 끼워서 쓰다 보니 글자와 글자 사이 간격이 일정하지 않게 찍히기도 했어요. 글자가 비스듬히 기울어져서 인쇄되기도 하고, 심지어 글자가 거꾸로 끼워진 채 인쇄되기도 했어요.

박병선은 이러한 활자의 약점에 주목했어요. 이러한 약점이 오히려 활자 인쇄물의 고유한 특징이 되기 때문이에요. 《직지심체요절》에서도 이 흔적들이 발견된다면, 활자 인쇄본이라는 것을 밝히는 중요한 증거가 되는 셈이었어요.

박병선은 《직지심체요절》을 꼼꼼하게 살펴본 끝에, 글씨 간격이 균일하지 않거나 글씨가 비스듬하게 기울여 있는 부분들을 찾아낼 수 있었어요. 이런 여러 가지 근거를 종합해 볼 때 《직지심체요절》이 활자로 인쇄된 책자라는 걸 확신할 수 있던 거예요.

그 다음으로 활자의 재료가 '금속'이라는 걸 밝혀내야 했어요. 나무보다 금속으로 활자를 만드는 게 훨씬 더 높은 기술력이 있어야 가능한 일이니까요. 박병선은 여러 재료를 활용하여 직접 활자를 제작해 보기 시작했어요. 재료마다 어떤 특징이 있는지 알아야 '금속 활자'를 활용했다는 걸 증명할 수 있기 때문이에요. 그래서 감자나 나뭇조각에 글자를 새겨 넣고 찍어 봤던 거예요. 그러나 두 경우 모두 재료의 결이 그대로 인쇄되어 나왔어요. 《직지심체요절》의 인쇄 상태와는 확연히 달랐지요.

여러 가지 실험을 해 보다가 박병선은 프랑스의 한 인쇄소까지 찾아갔어요. 1970년대만 하더라도 인쇄소에는 오래된 금속 활자들이 남아 있었어요. 그래서 인쇄소에서 사용하던 금속 활자를 가져다가 종이에 찍어 보니 얼핏 《직지심체요절》과 비슷한 느낌이 났어요.

금속 활자라는 결정적인 또 다른 증거는 《직지심체요절》에 찍힌 글자 옆에 있는 티끌이었어요. 이 티끌이 프랑스 인쇄소에서 본 오래된 금속 활자들에 붙어 있던 작은 부속물과 비슷하다는 걸 발견한 거예요. 박

거꾸로 인쇄된 글자　　비뚤어진 글자

티끌이 붙은 글자

《직지심체요절》이 금속 활자로 인쇄했다는 것을 알려 주는 흔적

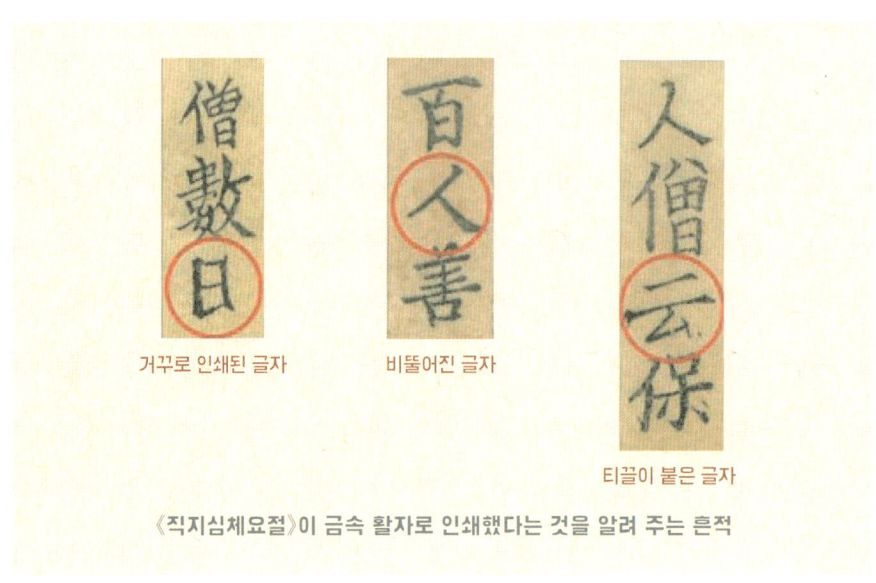

병선은 인쇄소 직원을 통해 쇠붙이로 만든 활자는 원래 그런 것들이 붙어 나온다는 것도 확인할 수 있었어요. 원래는 다듬어서 잘라 버려야 하는데 일부는 남아 인쇄할 때 글자 옆에 티끌처럼 찍히는 거지요. 박병선은 이렇게 연구를 거듭하면서 《직지심체요절》이 금속 활자로 인쇄한 것임을 밝힐 수 있었어요.

뿐만 아니라 박병선은 《직지심체요절》을 전 세계에 알리는 일에도 손을 놓지 않았어요. 덕분에 1972년 유네스코가 파리에서 주최한 '세계 도서의 해' 전시에 《직지심체요절》을 출품할 수 있었지요. 그 결과 《직지심체요절》이 구텐베르크의 성경 금속 활자본보다 70여 년 앞선 세계 최초의 금속 활자본이라는 것이 전 세계에 알려지게 된답니다.

《직지심체요절》을 발견한 지 3년 후, 박병선은 프랑스 국립 도서관 별관 창고에서 또 다른 중요 문화재를 발견해요. 그건 1866년 병인양요 당시 프랑스 군대에 약탈된 외규장각 도서였어요. 외규장각 도서의 존재는 박병선이 프랑스 유학을 떠나기 전, 스승인 이병도 교수에게 이야기를 들어 이미 알고 있었어요. 프랑스에 가면 외규장각 도서가 어디에 있는지 알아보라는 스승의 당부를 기억하고 있다가 프랑스 국립 도서관에서 발견한 거지요. 박병선은 외규장각 도서를 발견한 이후 십여 년 동안 매일 도서관에서 내용을 베껴 쓰며 연구하기도 했어요. 외규장각 도서에 대한 정보가 그다지 많지 않았고 정확히 어디에 있는지 알 수도 없었지만 열정 하나로 문화재를 찾아낸 거예요.

그 뒤로도 박병선은 해외에 있는 우리 문화재 연구에 매진하다가, 2011년 프랑스에서 여든세 살의 나이로 세상을 떠나요. 그때 자신의 유산 2억 원과 개인적으로 소장한 책들을 우리나라 천주교 신학교에 기부해요. 낯선 땅에서 고국의 자료들을 찾고 또 입증해 나가다 마지막 순간까지 자신이 가진 것을 나누던 박병선의 삶은 우리에게 여러 가지를 생각하게 해요.

박병선이 창고에서 꼼꼼하게 책들을 살펴보지 않았다면《직지심체요절》이나 외규장각 도서의 실체를 확인하기 어려웠을 거예요. 특히《직지심체요절》이 세계 최초의 금속 활자본임을 입증하면서 세계 출판의 역사를 다시 쓴 건 큰 의미가 있어요.

박병선은 그저 행운이나 우연에 기대 문화재를 발견한 게 아니라, 노력에 노력을 거듭해 이루었어요. 프랑스 국립 도서관에 근무하면서 주변 직원들에게 한자로 된 옛 책이 도서관 안에 있는지 물어보며 끈질기게 조사한 점, 그 책들을 찾기 위해 창고 안에서 책들 하나하나를 살펴본 열정, 우리 문화재가 맞다는 걸 실험을 거듭하며 증명하려고 한 노력 등이 어우러진 결과예요. 결국 자신이 궁금한 것들을 꾸준히 탐색하고 검증하려는 태도가 학자 박병선을 만들었던 거예요.

2
일본에서 경복궁 건물 일부를 찾다

김정동: 경복궁 자선당 유구

그 많던 경복궁 건물은 어디로 사라졌을까

일장기가 걸린 근정전

경복궁 근정전 앞에 일장기가 걸려 있어요. 국왕이 업무를 보던 건물 앞에 일장기라니, 그렇다면 일제 강점기에 찍힌 사진임을 짐작할 수 있겠네요. 이 사진은 1910년에 우리나라가 일본에게 주권을 빼앗긴 경술국치를 설명할 때 자주 등장하곤 하지만, 사실 이 사진이 찍힌 시점은 시간이 더 흐른 뒤랍니다.

사진을 보면 근정전 위로 비행기 한 대가 날고 있어요. 무언가를 축하하기 위해 비행을 하고 있었던 거예요. 비행기가 날아다니는 이 사진이 찍힌 시기는 일본이 우리나라를 식민 지배한 지 5년이 흐른 1915년이에요. 이 해에 일본은 그동안 얼마 발전했는지 보여 주겠다며 전시회를 열어요. 이른바 '시정 5주년 조선 물산 공진회'였지요.

우리 민족으로서는 행사의 취지도 기가 막히지만, 더 큰 문제는 이 행사가 경복궁에서 열렸다는 거예요. 일본은 이 행사를 위해 경복궁의 많은 건물을 철거하고 진열관을 설치하여 한 나라의 궁궐을 한순간에 전시회장으로 만들어 버려요.

조선 물산 공진회 준비로 헐린 경복궁 건물은 200여 동이 넘는다고 해요. 흥선 대원군이 임진왜란 때 불타 버린 경복궁을 복원하며 다시 세운 330여 동 중 꽤 많은 건물이 사라진 거예요. 이때 사라진 건물들은 어디에 있는지, 안타깝게도 지금은 알 수 없어요. 하지만 그중 한 건물의 일부가 제자리를 찾게 된 일화가 남아 있답니다.

1915년 시정 5주년 조선 물산 공진회 당시의 경복궁 풍경

일본 도쿄에서 발견된
경복궁 자선당의 일부

　목원 대학교 건축학과 김정동 교수는 1993년 어느 날, 책에서 인상 깊은 구절을 읽었어요. '갑오개혁이 일어난 해인 1894년 일본 침략군은 왕궁을 습격해 문화재와 보물을 약탈해 갔다.'라는 내용이었어요. 교환 교수로 일본에 머물던 김정동은 책 속 문장을 놓치지 않고 일본에 흩어져 있던 우리 문화재를 조사하기 시작해요.

　근대 건축사 관련 자료를 중심으로 조사하던 김정동 교수는 한 자료에서 뜻밖의 내용을 발견해요. 도쿄 경제 대학에 있던 〈오쿠라 문서〉에서 일본인 오쿠라가 경복궁 자선당 건물을 뜯어 갔다는 기록을 본 거지요. 이 내용이 사실인지 확인하기 위해 다른 문헌들을 찾아보니, 그중 1916년에 발행된 또 다른 책에는 이런 내용이 적혀 있었지요.

> 오쿠라가 1915년 겨울, 경복궁 자선당을 양도받아 도쿄로 보내 오쿠라 미술관 안에 세우기 시작했다. 약 2만 엔을 들여 조립 공사를 끝내고 안팎에 장식 공사를 시작해 1916년에 마칠 예정이다.

　이 기록에는 오쿠라라는 일본인이 경복궁 자선당을 가져간 시기와 장소 등이 자세히 나와 있었죠.

　그 뒤에 발견한 조선 총독부 총독 데라우치 마사타케의 일기에도 '4시부터 오쿠라 미술관을 보고, 조선관 낙성을 봤다.'라는 기록이 남아 있었어요. 이 일기 속의 '조선관'이 바로 경복궁 자선당인 거예요. 경복궁 건물의 일부가 해방된 이후까지 일본에 남아 있었다는 사실은 그전까지 아무도 몰랐던 이야기였어요.

　김정동 교수는 곧장 도쿄 대학 객원 연구원과 함께 오쿠라 미술관으로 달려갔어요. 하지만, 세월이 흐른 탓에 오쿠라 미술관 자리에는 오쿠라의 후손이 세운 오쿠라 호텔만이 남아 있었지요. 김정동 교수는 호텔 주변 정원을 샅샅이 둘러보았어요. 그러나 경복궁 전각으로 보일만 한 목조 건물은 보이지 않았어요. 그 대신 정원에서 수상한 돌들이 눈에 띄었

어요. 이내 그것이 자선당 건물의 기단, 계단, 주춧돌의 일부라는 것을 알게 됐어요. 대체 목조 건물은 어디로 가고 건물의 일부인 돌 자재만 남아 있었던 걸까요.

일본에 다시 세워진 자선당 건물은 1923년 9월에 일어난 일본 관동 대지진 때 피해를 입었다고 해요. 관동 대지진으로 많은 건물이 불타거나 무너졌는데, 그때 자선당 건물에도 화재가 나고 말아요. 그래서 건물의 구조를 짐작할 수 있는 자취만 남은 것이었죠.

그렇다면 오쿠라는 어떻게 경복궁 자선당을 일본까지 가져간 걸까요. 앞의 기록을 보면 1915년 겨울에 오쿠라가 건물을 양도받았다는 내용이 나와 있어요. 1915년이면 일본이 경복궁 안에서 시정 5주년 조선 물산 공진회를 개최하기 위해 수많은 전각을 헐고 있었던 바로 그때지요.

도쿄의 오쿠라 저택으로 옮겨 간 경복궁 자선당의 모습(1910년대)

오쿠라는 경복궁 철거 업무를 담당했던 인물 중 하나였어요. 그는 데라우치 총독에게 자선당 건물을 일본으로 가져갈 수 있게 해 달라고 부탁해요. 이후 오쿠라는 자선당 건물을 해체하여 바다 건너 일본으로 가지고 갔어요. 그리고 자신의 이름을 딴 박물관인 '오쿠라 슈코칸'에 자선당 건물을 전시해 왔어요. 궁궐 건물은 그렇게 일본인 개인 박물관 일부로 전락해 버린 거예요.

문종과 단종이 머물렀던 경복궁 자선당

경복궁 자선당은 어떤 건물이었을까요. 자선당은 왕의 자리를 이어받을 왕세자가 생활하는 곳이었어요. 예로부터 동쪽은 아침 해의 기운을 받는 신성한 공간으로 여겨졌어요. 그래서 왕세자가 머무는 건물들은 궁궐 안 동쪽에 지어졌고, '동궁'이라 불리기도 했지요. 자선당은 동궁 건물 중에서도 왕세자가 잠을 자거나 일상생활을 하는 곳이었어요.

자선당은 세종 때 처음 지어졌어요. 세종의 아들 문종은 즉위 전까지 여기서 20년을 머무르기도 했어요. 문종은 아버지 세종이 앵두를 좋아한다며, 세자 시절에 이곳 자선당 둘레에 앵두나무를 많이 심어 두었다고 해요. 그래서 자선당은 앵두궁이라는 별칭으로도 불렸어요.

한편, 자선당은 비운의 인물이 머물던 곳이기도 해요. 문종의 아들 단종이 바로 그 주인공이에요. 단종은 어린 나이에 왕이 되어 삼촌 수양 대

군에게 왕위를 빼앗기고 결국 귀양 가서 죽음을 맞이해요. 단종이 귀양을 가기 전까지 머물렀던 곳이 바로 이 경복궁 자선당 건물이에요. 단종은 이 궁궐에 머무르며 어떤 생각을 했을까요. 자선당 주변의 앵두나무를 보며 아버지 문종과 할아버지 세종을 그리워하고, 목숨이 위태로운 자신의 처지를 가슴 아파하지 않았을까요.

현재 경복궁 자선당은 어디에 있을까

경복궁 자선당은 목조 부분이 관동 대지진 때 불타 버렸지만, 다행히도 건물의 뼈대가 되는 기단, 주춧돌, 계단 등 돌로 이루어진 부분은 남아 있었어요. 이렇게 옛 건물의 모습을 파악하는 데 실마리가 되는 부분을 '유구'라고 해요. 비록 유구만 남았다고 해도 이것들 역시 궁궐 건물의 일부분이기 때문에 중요한 문화재예요. 그래서 김정동 교수는 자선당 유구를 발견한 뒤부터 우리나라로 다시 가지고 오기 위해 많은 노력을 해요.

그러던 중 우리나라에서는 언론에서 자선당 건물 일부가 오쿠라 호텔 정원에 방치되어 있다는 보도가 이어져 관심이 높아지고 있었어요. 그러자 오쿠라 재단에서도 우리나라 정부의 공식적인 요청이 있으면 반환하겠다는 입장을 보여요. 결국 1995년, 자선당 유구는 200여 개의 나무 상자에 포장되어 고국으로 돌아올 수 있었어요. 이때는 광복 50주년이기도 했고, 자선당이 반출된 지 80년이 되는 해여서 역사적으로 더욱 의미가 있었어요.

어렵사리 돌아온 자선당 유구는 경복궁 복원 공사 때 활용하려고 노력했지만 이미 불에 그슬린 돌을 사용하기가 쉽지 않았어요. 어쩔 수 없이 자선당 건물은 새로운 돌로 기단부를 만들어서 복원할 수밖에 없었어요. 대신 오쿠라가 반출했던 자선당의 기단과 추춧돌은 현재 건청궁 뒤편에 잘 배열해 두었지요. 완전한 모습으로 복원할 수는 없었지만, 경복궁 자선당 건물의 일부는 80여 년 만에 긴 여정을 마치고 고국으로 돌아올 수 있었어요.

한번 반출되면
되돌아오기 어려운 문화재

"도쿄에서 오쿠라 저택이 있었던 오쿠라 호텔을 방문해서 옛 건물터를 발견했을 때의 기분은 말로 표현할 수가 없어요."

김정동 교수는 일본에서 경복궁 자선당 건물 일부를 발견했던 당시를 이렇게 회상했어요.

만약 김정동 교수가 책에서 자선당 관련 기록을 보고도 지나쳤거나 찾기 어렵다는 이유로 포기했다면 어떻게 되었을까요? 아마도 자선당 유구는 여전히 일본 오쿠라 호텔 주변에 이름 모를 돌덩이로 방치되어 있었을 거예요. 다행히도 김정동 교수가 꾸준히 자료를 찾으며 조사한 덕분에 자선당 유구를 찾을 수 있었어요. 발견한 뒤에도 우리나라로 돌

건청궁 뒤편에 있는 자선당 기단과 주춧돌 모습

자선당 유구가 관동 대지진으로 깨진 흔적

아올 수 있도록 국내뿐 아니라 일본의 여론을 모으는 데 많은 노력을 기울였어요.

아마 우리가 우리나라의 문화재를 돌려받는 데에 왜 여론을 모으는 노력까지 해야 하는지 궁금한 친구도 있을 거예요. 사실 한번 해외로 반출된 문화재가 원래 자리로 돌아오는 일은 그리 만만한 작업이 아니에요.

먼저 나라 밖으로 어떤 문화재가 빠져나갔는지 파악해야 해요. 이 조사 단계도 굉장한 시간과 인력이 필요해요. 명확한 자료가 남아 있지 않을 수도 있고, 보관된 곳을 찾기 힘든 경우도 있거든요. 하지만 그것이 우리나라 문화재라고 확인되더라도 당시에 합법적인 절차로 구입해서 가져간 것이라면, 특별한 경우를 제외하고는 무조건 돌려 달라고 할 수는 없어요. 따라서 반출 과정에서 불법이 있었는지를 입증해 낼 수 있어야 해요. 이러한 일은 학자들뿐 아니라 모두의 관심이 있어야 반환 가능성이 더 커져요.

그러니 앞으로 경복궁에서 자선당의 기단과 주춧돌을 보면 꼭 이 이야기를 떠올려 보세요. 관동 대지진으로 사라져 버린 옛 건물 모습도 상상해 보세요. 그리고 그것을 발견해 내고 되찾아 올 수 있도록 힘쓴 숨은 노력을 떠올려 보기로 해요.

3
독일 수도원에서 겸재의 그림을 찾고 가져오다

유준영과 선지훈: 겸재 정선 화첩

독일 수도원에서 발견한
겸재 정선의 그림

1973년, 독일 유학생 유준영은 쾰른 대학교 도서관에서 박사 학위 논문을 쓰고 있었어요. 논문에 필요한 책을 읽던 중 한 페이지에 유준영의 시선이 멈추었어요. 그 책에는 조선 화가가 그린 것이 분명한 그림이 세 장 있었어요. 흑백으로 실려 있었지만 그림 안에 분명하게 한자로 '겸재'라고 쓰여 있었지요. 조선 후기 대표적인 화가 정선의 호였어요.

유준영이 독일에서 겸재 정선의 그림을 만나기까지는 긴 여정이 있었어요. 유준영이 처음 독일에 발을 디딘 것은 십여 년 전이었어요. 그는 1964년 독일 광산에 파견된 노동자였어요. 처음부터 유학생 신분으로 독일에 왔던 것은 아니었지요.

우리나라 사람이 독일 광산에서 일한다니 지금으로선 의아한 이야기일 거예요. 1960년대 우리나라는 경제 상황이 좋지 않았기 때문에 외화를 벌어들이고 일자리 문제를 해결하기 위해서 우리나라 젊은이들을 독일에 광부나 간호사로 파견했어요. 독일은 당시 경제 성장이 두드러지며, 많은 노동력을 필요로 하던 상황이었거든요. 유준영 역시 이때 파견된 광부 중 한 명이었죠.

그는 광산에서 3년 계약 근무가 끝나자마자, 그해 겨울 학기부터 대학 진학 과정을 밟으며 새로운 길을 준비했어요. 1969년에는 미술사학과에 들어가 대학교 과정을 마치고, 이후 쾰른 대학교 박사 과정까지 밟았어요. 그 박사 학위 논문을 쓰던 도중《한국의 금강산에서》라는 책에서 겸재 정선의 그림을 발견한 거예요.

《한국의 금강산에서》는 독일 오틸리엔 수도원장이었던 노르베르트 베버가 조선을 방문하고 1927년에 출판한 책이에요. 이 책에는 겸재 정선이 그린 금강산 그림이 소개되어 있었어요.

그때, 유준영의 머릿속에 이런 생각이 스쳤어요.

'조선에 머물던 오틸리엔 수도원장이 독일로 돌아와 이 책을 썼다면, 어쩌면 그때 겸재 정선의 그림도 가져왔던 건 아닐까?'

이 책에 실려 있는 정선의 그림 세 점이 독일 어딘가에 있을지도 모른다는 생각을 하니 유준영은 마음이 다급해졌어요. 그는 독일인 학자 에카르트 교수를 떠올렸어요. 에카르트 교수는 1909년부터 19년 동안 우리나라에 머물며 우리나라 유물을 연구하여《조선 미술사》를 출간했던

노르베르트 베버가 1920년대에 금강산을 방문하고 쓴《한국의 금강산에서》

이 책에 실린 조선 시대 화가 겸재 정선의 그림

학자거든요. 에카르트 교수라면 이 그림의 행방을 알고 있을지도 모르겠다고 생각했지요.

　유준영은 에카르트 교수에게 노르베르트 베버가 오랫동안 머물렀던 오틸리엔 수도원에 혹시 정선의 그림이 있지 않은지 묻는 편지를 보냈어요. 그러나 한 달 후에 받은 답장에는 '그 수도원에는 겸재 정선의 그림이 한 점도 없다.'라고 적혀 있었죠. 기대했던 답변이 아니었던 터라 유준영은 잠시 정선의 그림을 찾는 일도 중단하게 되었어요.

　그러다 1975년에 다시 정선의 그림을 찾기 위해 오틸리엔 수도원을 직접 방문해요. 유준영은 수도원 안에 있는 박물관 진열관을 둘러보던 중 노르베르트 베버의 책에서 보았던 그림 한 점을 발견해요. 그 책에 나온 그림이 걸려 있다는 건, 이곳에 정선의 그림이 있을 수도 있다는 뜻이

었어요. 그러던 차에 유준영은 다음 진열장에 있는 그림 한 점을 보자마자 그만 숨이 멎는 듯했어요. 바로 겸재 정선의 작품이 눈앞에 있었던 거예요.

그림 앞에 서 있는 유준영에게 수도원 선교 박물관 담당 신부는 진열장 열쇠를 건네며 마음껏 그림을 꺼내 봐도 좋다고 말했어요. 유준영은 떨리는 손으로 그림을 꺼냈어요. 그런데 놀랍게도 그림은 한 장이 아니었어요. 진열장 밖에서 보기엔 그림이 한 장으로 보였는데, 꺼내고 보니 여러 그림이 화첩으로 묶여 있던 거예요.

세월이 흘러 이화여대 미술사학과 교수가 된 유준영은 당시 상황을 이렇게 떠올리곤 했어요.

"책 속에 있는 금강산 그림만 발견해도 다행이라고 생각하고 찾아갔

독일 오틸리엔 수도원 박물관에서 겸재 정선의 화첩을 발견한 유준영

수도원에서 발견된
겸재 정선의 〈금강내산전도〉

는데, 거기에 금강산 그림 말고도 겸재의 그림을 열여덟 점이나 더 발견했으니까 그야말로 복이 하늘에서 떨어진 것 같았어요. 호박 세 개만 찾으러 갔는데 스물한 개가 넝쿨째 굴러 들어온 셈이었죠."

유준영은 화첩을 사진에 담기 위해 햇볕이 잘 들면서도 인적이 드문 곳을 찾다가 수도원 담장 앞 공터에서 펼쳐 보았어요. 겸재 정선의 화첩은 스물한 장의 그림이 병풍처럼 구성되어 있었어요. 유준영은 화첩을 길게 펴서 담장에 기대어 놓고 그림 한 점 한 점 사진을 찍었어요.

그로부터 1년 후, 유준영은 오틸리엔 수도원에 보관 중이던 겸재 정선의 화첩에 대한 글을 발표하여 이 그림의 존재를 국내에 알려요. 노르베르트 베버의 책 속에 실린 그림을 보고 끝까지 추적해 간 유학생의 열정은 해외 수도원 박물관에 잠들어 있던 우리 문화재를 국내에 알릴 수 있게 해 주었어요.

일제 강점기에 독일로 간 겸재 정선의 화첩

겸재 정선은 조선 후기에 활동하던 도화서 화원이었어요. 도화서 화원은 왕실에 소속되어 그림을 그리던 화가를 말해요. 정선은 우리나라 경치 좋은 곳들을 다니면서 직접 보고 그림을 그린 것으로 유명해요. 정선이 화폭에 가장 많이 담았던 장소는 바로 금강산이었어요. 그러다 보니 우리나라에서도 정선의 금강산 그림은 여러 점 찾아볼 수 있어요. 하지만 오틸리엔 수도원에서 발견된 그림은 우리나라에 존재 자체가 알려지지 않던 귀한 작품이었지요.

정선의 그림을 수집한 독일인 노르베르트 베버는 1910년 무렵부터 약 10년 동안 선교를 하기 위해 세 차례 우리나라에 파견됐어요. 그는 우리 민족의 생활 모습에 관심이 많았어요. 그래서 각 지방을 다니며 당시 서민들의 생활 모습을 영상으로 기록했지요. 이를 바탕으로 《고요한 아침의 나라》라는 책과 영상을 함께 만들기도 해요. 일본의 식민 지배로 사라

노르베르트 베버가 쓴 《고요한 아침의 나라》 1915년판 표지와 1923년판 표지

한국 여행 중 식사 대접을 받는 노르베르트 베버와 일행

져 가던 한국의 고유한 풍습을 기록한 귀한 자료예요.

노르베르트 베버는 1925년에 다시 조선을 찾아와요. 그때는 열흘 동안 금강산을 방문하지요. 그는 화가이기도 해서, 자신이 방문한 금강산의 해금강, 구룡 폭포, 만물상 등을 그림으로 그리기도 했어요. 이후 독일로 돌아가 펴낸 책이 바로 《한국의 금강산에서》였던 것이죠. 이 책에 자신이 그린 그림뿐 아니라 겸재의 그림 세 점도 함께 책에 수록했던 거예요.

겸재 화첩 반환을 이끌어 낸 선지훈 신부

그 뒤에도 오틸리엔 수도원에서 발견된 정선의 그림을 눈여겨본 사람이 한 명 더 있었어요. 1990년대 초, 오틸리엔 수도원에 머물던 선지훈 신부는 수도원장을 통해 정선의 화첩을 볼 수 있었어요. 그 뒤로 선지훈 신부는 우리 문화재를 한국으로 반환할 수 있는 방법을 고민해요.

문화재 반환에 관련된 국제법에는 반출 과정이 불법이라는 걸 증명할 수 있어야 한다고 나와 있어요. 우리 문화재라는 걸 알아도 무조건 반환하라고 요구하지 못하는 이유예요. 그런데 노르베르트 베버가 정선의 화첩을 어떻게 소장했는지 알려진 정보가 없고, 정황상 금강산 여행 도중 묵었던 여관에서 전시된 그림을 구입한 걸로 추정할 뿐이었어요. 화첩을 강제로 약탈하거나 몰래 가지고 온 게 아니기 때문에 돌려 달라고 말하기는 쉬운 일이 아니었지요.

그러던 중 반환에 관한 이야기를 꺼내기 좋은 기회가 생겨요. 선지훈 신부가 오틸리엔 수도원에서 수행할 당시에 기숙사 동기였던 슈뢰더 수사가 마침 오틸리엔 수도원의 원장이 된 거예요. 덕분에 선지훈 신부는 슈뢰더 원장에게 정선의 화첩을 한국으로 반환해 달라고 요청할 수 있었어요.

사실 당시 수도원에 있던 겸재 정선의 그림은 세계 미술 시장에서도 큰 관심을 받고 있었어요. 미국의 한 미술사학자가 이 그림을 보고 '숨 막힐 듯한 걸작'이라고 표현하기도 했지요. 수도원은 미국과 영국의 경매 회사로부터 그림을 경매에 내놓으라는 제안을 받기도 했어요. 만약 수도원이 비싼 값에 그림을 내놓는다면, 수도원의 재정을 확보할 수 있는 좋은 기회였어요.

독일 오틸리엔 수도원에서는 장로 열두 명이 모여 겸재 정선의 그림을 어떻게 할 것인가를 논의하는 회의를 열어요. 그리고 긴 회의 끝에, 만장일치로 베네딕도회 수도원과 인연이 있는 우리나라 왜관 수도원에 영구 대여를 해 주기로 결정했어요. 사실상 반환인 셈이죠.

이때 슈뢰더 원장은 이런 이야기를 했답니다.

"나의 선임자인 노르베르트 베버 원장은 진정 한국 문화를 사랑한 사람이었어요. 우리는 이 화첩이 독일보다 한국에서 더 많은 사랑을 받고 평가받으리라는 것을 알기 때문에 이런 결정을 내리는 것이 어렵지 않았어요. 올바른 결정이라고 생각하며 절대 후회하지 않아요. 저는 겸재 정선의 그림이 더 많은 사람에게 깊은 감동을 줄 수 있는 곳으로 가는 것을 기쁘게 생각합니다."

돌려받는 시기는 독일 오틸리엔 수도원이 소속된 베네딕도회가 한국에 진출한 지 100주년이 되는 해인 2005년으로 정했어요. 그 해에 정선의 화첩은 한국 왜관 수도원으로 돌아와요. 이때 선지훈 신부가 독일로 직접 가서 이 그림을 가지고 비행기로 돌아와요.

"그림을 갖고 들어오는데 혹시라도 도난되지 않을까 하는 조마조마한

마음이 들었어요. 독일에서 한국으로 오는 반나절 동안 비행기에서 먹지도 자지도 않고 그림을 챙겼지요."

선지훈 신부가 안고 돌아온 정선의 화첩은 왜관 수도원에 소유권이 있고, 지금은 국립 중앙 박물관에 기탁하여 보관 중이에요.

1920년대에 독일로 건너간 화첩은 한국에 돌아오기까지 이렇게 긴 시간이 걸렸어요. 그 덕에 지금 우리는 국립 중앙 박물관에 가서 조선 후기 진경 산수화를 대표하는 화가의 또 다른 그림을 볼 수 있어요. 유준영 교수, 선지훈 신부, 오틸리엔 수도원의 노력과 결단이 만든 결과예요.

이 과정에서 수도원이 보여 준 결단은 매우 특별한 경우예요. 외국으로 반출되는 과정이 불법이 아니었음에도 아무런 조건 없이 문화재를 돌려준 사례는 드물거든요. 또한 국가 차원이 아니라 민간 차원에서 협의하여 반환이 추진되었다는 점 또한 문화재 반환 역사에서 중요한 이야기로 남는답니다.

4
임진왜란 속에서 《조선왕조실록》을 지켜 내다

안의와 손홍록: 《조선왕조실록》

임진왜란에
그들이 지키고자 했던 것

1592년 4월, 오늘날 부산인 동래로 쳐들어온 왜군들은 한반도를 피로 물들이고 있었어요. 이렇게 시작된 임진왜란은 무려 7년 동안 계속됐어요. 왜군들은 가는 곳곳마다 약탈과 방화를 일삼았어요. 이런 가운데 《조선왕조실록》이 보관되어 있던 춘추관과 충주 사고와 상주 사고에도 불이 납니다. 사고(史庫)란 고려 말기부터 조선 후기에 걸쳐 쓴 국가의 중요한 서적을 보관하던 창고를 말해요. 그런 곳들마저 왜적의 방화로 피해를 입은 거예요.

이제 실록이 남아 있는 곳은 전주 사고 한 군데뿐이었어요. 상황이 이렇게 되자, 전라감사 이광은과 전주부윤 권수가 마주 앉았어요. 각각 오늘날 전라북도 도지사와 전주 시장에 해당하는 관리들이었죠. 여기에 경기전을 지키는 참봉 오희길도 함께했어요. 태조 이성계의 초상화를 모신 경기전 안에 실록을 보관한 사고가 있었기 때문이지요.

전주 사고마저 불이 나면 《조선왕조실록》은 영원히 사라져 버리는 상황이었어요. 온 나라가 전쟁 중이라 목숨마저 위태로운 시기에 이광은, 권수, 오희길은 함께 모여 《조선왕조실록》을 지키고자 대책을 세우기 시작했어요.

《조선왕조실록》은 조선 시대 역대 국왕들의 행적을 서술한 책이에요. 태조 이성계부터 스물다섯 번째 왕 철종까지 472년의 역사가 고스란히 담겨 있어요. 조선의 정치, 경제, 사회, 문화 등을 알려 주는 중요한 자료이지요. 실록은 《태조실록》,《세종실록》,《영조실록》 등으로 구성되어 있어요. 각 책은 그 왕이 죽고 난 다음에 편찬한 거예요. 예를 들어 《세종실록》은 세종 임금이 세상을 떠난 뒤에 편찬한 것이죠.

 실록을 만들기 위해서는 구체적인 내용과 근거들이 있어야 해요. 그 자료들은 왕이 살아 있을 때 만들었어요. 그래서 왕은 신하와 회의를 하거나 행사에 참여할 때 늘 옆에 기록하는 사람을 두었어요. 혹시 역사 드라마에서 왕 주변에 앉아 붓을 들고 무언가를 기록하는 관리를 본 적이 있나요? 이들을 '사관'이라고 해요. 사관이 작성한 기록을 '사초'라고 하고요. 실록은 사관이 기록한 사초의 내용을 바탕으로 왕이 죽고 난 다음

에 정리해서 편찬한 책이에요.

실록이 마무리되면 사초는 어떻게 할까요? 사초는 따로 남기지 않고 물로 씻어 버렸어요. 당시에는 글을 먹물로 썼기 때문에 물로 씻어서 글자만 지우는 게 가능했어요. 사초를 물로 씻은 이유는 여러 가지가 있었어요. 첫 번째 이유는, 종이를 재활용하기 위한 목적이었어요. 옛날엔 종이가 무척이나 귀하고 비쌌거든요. 두 번째 이유는, 나중에 누군가 사초를 다시 들여다보면 논란이 생길 수 있으니 애초에 문제를 차단하기 위해서였어요. 글은 누가 보느냐에 따라 해석이 달라지기도 하니까요.

사초를 씻는 곳도 따로 있었어요. 경복궁 뒤쪽으로 고개 하나를 넘어가면 세검정이라는 정자가 있어요. 그 아래로 흐르고 있는 홍제천이 바로 사초를 세척했던 장소랍니다.

조선 시대 사초를 세척했던 장소인 홍제천과 세검정

왕도 쉽게 볼 수 없었던
《조선왕조실록》

실록이 완성되면 사초를 세척하는 행사를 하고, 왕은 연회를 베풀어 실록에 참여한 관리들을 격려했어요. 하지만 실록이 완성되었다 하더라도 왕이 마음대로 볼 수 있었던 것은 아니랍니다. 실록을 완성하면 왕에게는 보고만 하고 바로 춘추관과 지방의 실록 보관 장소인 사고로 옮겼어요. 실록은 왕조차도 국정 운영의 참고 자료로만 들여다볼 수 있었죠.

왜 왕이 실록을 쉽게 볼 수 없도록 했던 걸까요. 사관은 관찰하고 들은 내용뿐 아니라 자신의 논평까지도 실록에 기록했어요. 그런데 만약 이런

실록이 완성된 뒤 사초를 세척하는 행사

내용을 왕이 문제 삼았을 경우, 사관은 자신의 소신대로 서술하는 데 어려움이 있을 거예요. 따라서 사관이 최대한 객관적으로 역사를 정리할 수 있도록 제도적 장치를 마련해 둔 거예요.

이와 관련하여 재미난 일화를 하나 찾아볼 수 있어요. 태종이 즉위한 지 4년째 되던 해인 1404년 2월 8일의 《태종실록》에는 이런 내용이 실려 있답니다.

> (태종이) 친히 활과 화살을 가지고 말을 달려 노루를 쏘다가 말이 거꾸러짐으로 인하여 말에서 떨어졌으나 상하지는 않았다. 좌우를 돌아보며 말하기를 "사관이 알게 하지 말라."고 하였다.

말에서 떨어진 태종은 자신의 실수를 사관이 알지 못하게 하라고 했어요. 그러나 사관은 그 말까지도 고스란히 적어 둔 거예요. 그만큼 사관이 왕의 일거수일투족을 관찰하여 기록하고 있었음을 짐작할 수 있어요. 또한 "사관이 알게 하지 말라."는 내용까지도 그대로 쓴 부분을 보면, 당시 사관의 자율성이나 독립성이 나름대로 보장되고 있었음을 생각해 볼 수 있어요.

한 국왕의 재임 기간 동안 매 순간을 기록하는 사관은 무척이나 힘든 자리였을 거예요. 게다가 이렇게 쌓인 사초를 모으고 정리하는 작업은 매우 방대했답니다. 《조선왕조실록》이라는 책이 얼마나 많은 공이 들어간 작업의 결과물이었는지 짐작해 볼 수 있을 거예요.

내장산 깊은 산속으로 옮긴
《조선왕조실록》

이제 다시 1592년 6월, 임진왜란이 벌어진 시기로 돌아가 볼까요. 전라감사 이광은, 전주부윤 권수, 경기전 참봉 오희길이 한자리에 모여 전주 사고에 보관되어 있던 실록을 어디로 어떻게 옮길 것인지 논의하고 있었어요.

조선 전기에 실록은 모두 네 군데로 나누어 보관하고 있었어요. 왜 이렇게 여러 군데 흩어 놓은 걸까요. 물론 나눠서 보관하면 관리하는 데 인력이 더 필요하지만, 만일의 사태에 대비하기 좋았어요. 혹시라도 전쟁이 일어나거나 화재나 도난 등으로 한 장소의 실록이 분실되는 경우, 다른 장소의 것으로 보완할 수 있었지요. 그래서 원본을 베껴서 같은 내용의 책을 네 부씩 만들어 한양에 있는 춘추관과 지방 중심지인 충주, 성주, 전주의 사고에 실록을 나누어 보관해 왔던 거예요.

하지만 임진왜란 초기에 전주 사고를 제외한 나머지는 모두 불타 버렸다고 했지요. 유일하게 남아 있던 전주 사고마저 소실된다면, 임진왜란이 일어나기 이전까지 대략 200여 년의 역사 기록물이 사라져 버리고 마는 상황이었죠. 전주 사고의 실록을 꼭 지켜 내야 하는 이유였어요.

전라감사 이광윤, 전주부윤 권수, 경기전 참봉 오희길은 머리를 맞댔어요. 사고 건물의 마루 밑을 깊게 파서 실록을 땅속에 묻자는 의견도 있었지만, 결국 더 안전하게 깊은 산속으로 옮기기로 결정해요. 적들의 움

직임을 볼 때, 한양으로 올라가기 위해 큰길과 도시를 중심으로 이동하고 있었기 때문에 상대적으로 산속이 안전하다고 판단한 거예요.

그러나 옮겨야 할 책의 양이 만만치 않았죠. 전주 사고에 보관된 《조선왕조실록》만 830권인 데다가 함께 옮겨야 할 《고려사》는 538권이 있었어요. 천 권이 훌쩍 넘는 양으로, 책이 보관되어 있는 궤짝의 숫자만 해도 무려 60여 개가 넘었거든요.

그때 적들이 전주 코앞인 금산까지 도달했다는 소식이 들려오면서 상황이 너무나 급박해졌어요. 무엇보다 이 일을 책임지고 행동할 사람들이 필요했어요. 믿고 맡길 사람을 물색하던 중 전라감사 이광은 선비 두 명을 추천했어요.

"태인(지금의 정읍)에 살고 있는 유생 안의와 손홍록 선비가 어떨까 합

니다. 이분들은 비록 50, 60대로 고령이시나, 실록이 얼마나 중요한 것인지 충분히 이해하고 있는 선비들이니 적합한 인물이라 생각합니다."

안의와 손홍록은 소식을 듣자마자 백성 30여 명을 이끌고 실록이 보관된 전주 사고로 서둘러 떠났어요. 그들은 도착하자마자 경기전 참봉 오희길과 함께 내장산 은봉암으로 실록을 옮기기 시작해요. 실록을 말과 수레에 싣고, 그도도 부족해 지게를 동원해 실록 궤짝을 직접 매고 가기도 했어요. 도착 지점은 산속 깊은 곳이었어요. 내장산의 은봉암 부근은 숲이 무성해서 들어가기도 쉽지 않은 곳이라 적들의 눈에 띄지 않고 실록을 보관할 수 있었거든요. 이렇게 30여 명이 저마다 할 수 있는 모든 수단을 동원해 책들을 실어 나른 지 7일 째가 되어서야 실록을 모두 옮길 수 있었어요.

1년 동안 동굴 속에서
실록을 지켜 내다

그들은 실록을 무사히 내장산 깊은 산속까지 옮겼어요. 하지만 그것으로 끝이 아니었어요. 언제 왜군이 이곳까지 밀려올지 알 수 없었으니까요. 안의와 손홍록은 바위 굴속에 숨겨 둔 실록을 교대로 지키기 시작해요. 그들은 쉰 살이 넘는 고령이었기에 산을 오르내리는 것도 쉬운 일은 아니었을 거예요. 실제 관직을 맡고 있는 관리도 아니었지만 끝까지 책임을 다해요.

안의와 손홍록은 자신들이 보초를 섰던 내용을 기록으로 남겨 두었어요. 일종의 근무 일지인 《수직상체일기》를 보면 두 사람이 함께 실록을 지킨 날이 53일, 혼자 근무한 날이 안의는 174일, 손홍록은 143일이라고 나와요. 1592년 6월 22일부터 시작해서 1593년 7월 9일까지 1년을 넘게 내장산 굴에 있는 실록을 지켜 왔던 거예요.

실록을 지키는 일에는 두 사람뿐만 아니라 참봉 오희길, 무사 김홍무, 내장산 영은사 주지인 승려 희묵, 그리고 근처 마을 주민 100여 명도 함께해요.

임진왜란이 일어난 지 1년이 지나자 전쟁은 잠시 주춤해져요. 그러자 1593년 7월에 조정에서는 실록과 태조 어진을 충청남도 아산으로 옮겨 두라는 명령을 내려요. 이번에도 안의와 손홍록이 아산까지 함께 실록을 옮기지요.

《조선왕조실록》 오대산 사고본

　이후, 이들이 《조선왕조실록》을 어떻게 지켜 냈는지 보고를 받은 선조는 두 사람에게 장부를 관리하는 직책의 종6품 벼슬을 내려요. 하지만 안의와 손홍록은 벼슬을 한사코 거부하지요. 자신들은 백성의 도리로서 해야 할 일을 했다며 말이죠. 두사람 덕분에 전주 사고에 있던 실록은 유일하게 실록 원본으로 남을 수 있었어요.

　전쟁이 끝난 뒤에 조정은 전주 사고의 실록을 바탕으로 복제본을 다시 만들어요. 그리고 춘추관 이외에 강화 정족산, 평안도 영변 묘향산, 경상도 봉화 태백산, 강원도 평창 오대산에 사고를 만들고 실록을 보관했어요. 이전처럼 지방 중심지가 아닌 험준한 산지로 보관 장소를 변경한 거예요. 이것은 지난 임진왜란 때 전주 사고의 실록을 내장산으로 옮겨서 무사히 보관할 수 있었던 경험이 바탕이 된 거지요.

유네스코 세계 기록 유산에 등재된 《조선왕조실록》

　1997년 반가운 소식이 들려왔어요. 바로 《조선왕조실록》이 유네스코 세계 기록 유산에 등재된 거예요. 500여 년 조선의 역사가 고스란히 담겨 있는 소중한 문화유산임을 세계적으로 인정받은 거예요.

　만약 임진왜란 때 전주 사고의 실록까지 불에 타 사라졌더라면 200여 년의 조선 초기 역사는 사라진 채 반쪽짜리 《조선왕조실록》이 되었을지도 몰라요. 실록을 옮기고 1년 넘게 산속에서 지켜 준 선비 안의와 손홍록에 대해 더욱더 고마운 생각이 들어요.

　그리고 함께 기억해야 할 이들이 또 있네요. 실록을 깊은 산속까지 어깨에 메고 나르고, 또 동굴에서 함께 지켰던 이름이 남아 있지 않은 백성들의 노력도 잊지 말아야겠어요.

5
일본에 흩어진 우리 문화재를 모으다

정조문: 고려 미술관

조선백자 달항아리에 마음을 빼앗기다

"이 도자기의 배가 보이죠? 이 배를 타고 고국에 가 보고 싶군요. 특히 이 배가 그려진 항아리가 대한 해협을 건넌다는 의미에서, 조국의 혼을 대하는 것 같은 느낌이 들어요."

일본의 한 방송사가 제작한 영상 속에서 한 남자가 도자기 한 점을 들고 이런 이야기를 하고 있었어요. 영상의 주인공은 재일 교포 정조문이었어요. 정조문은 늘 조선백자에 그려진 배를 타고 고국에 가 보고 싶다는 이야기를 하곤 했어요.

1918년에 태어난 정조문은 여섯 살이 되던 해에 부모님과 함께 일본으로 이주를 했어요. 이 시기는 알다시피 일제 강점기였어요. 그때는 일본 자본가들이 일본인보다 임금이 싼 조선인 노동자를 고용하기 위해서 조선으로 중개자를 보내던 시기예요. 경제적 사정이 어려운 조선인들은 일자리를 찾아 일본으로 건너갔지요.

정조문의 집안 역시 경제적 사정이 어려워 일본으로 가는 걸 선택했어요. 일본에 가서도 어렵기는 마찬가지라 정조문은 학교 교육을 3년밖에 받지 못했지요. 대신 신문 배달과 부두 노동을 하며 어렵게 생활을 이어가요. 더욱이 조선인은 일본에서 엄청난 차별을 겪었기 때문에 정조문은 정말 어려운 어린 시절을 보내요. 그러다 서른 살이 넘어 사업을 시작하면서 차츰 경제적 안정을 찾아요.

그러던 중, 1955년 정조문은 교토의 거리에서 인생을 바꿀 무언가와 마주쳐요. 교토의 어느 골동품 가게에 있던 도자기 한 점이 눈에 띄었는데, 일본인 골동품 판매상에게 이름이 무엇인지 물어보니 '조선백자'라 불린다고 했어요. 바로 조선백자 달항아리였지요.

둥근 달처럼 동그랗게 생긴 커다란 백자 항아리는 정조문의 마음을 사로잡았어요. 무엇보다 일본에서 만난 우리 민족의 유산이라 생각하니 더 마음이 끌렸지요. 그러나 백자의 가격은 무척 비쌌어요. 일본 화폐로 200만 엔이었어요. 200만 엔이면 당시엔 집 두 채를 살 수 있는 큰돈이었어요. 정조문은 한꺼번에 돈을 내고 백자를 살 수 없어서 여러 달에 걸쳐 값을 지불하겠다고 판매상을 설득했어요.

달항아리를 구입한 날, 정조문의 모습을 그의 아내는 선명하게 기억

달항아리를 안고 있는 정조문

하고 있었어요. 아내는 "남편이 달항아리를 사서 오더니, 하룻밤은 그걸 그대로 안고 자더군요."라고 회상하기도 했지요. 백자를 어렵게 구입한 정조문의 마음이 어떠했는지 짐작해 볼 수 있는 이야기예요. 어쩌면 정조문은 달항아리를 통해 조국의 문화에 대한 자긍심을 되찾고 싶었는지도 몰라요.

한국 문화에 대한 자긍심과 열정

우리나라 문화재에 대한 관심은 정조문이 학교를 다니던 시절부터 이어져 왔어요. 일제 강점기에 그것도 일본에서 사는 조선인에게 차별은 일상이었어요. 게다가 조선이 일본보다 오래전부터 문화적으로 열등했다고 가르치는 일본의 역사 교육 때문에 소년 정조문은 학창 시절 동안 무척 힘들었어요.

한번은 이런 일도 있었어요. 역사 시간에 임진왜란에 대한 내용을 배우던 날이었어요. 일본인 교사는 도요토미 히데요시가 조선을 정벌한 것이 임진왜란이라고 설명했어요. 그 수업이 끝나자 일본인 아이들 몇몇이 "조선을 정벌하고 있다."라며 정조문에게 돌을 던지기도 했어요.

어린 정조문은 울분이 생겼어요. 정말 조선이 약했던 건지 의문도 들었죠. 우리가 어떤 역사와 문화가 있는 민족인지도 알고 싶었지요. 정조문은 그 답을 찾기 위해 노력해요. 그 노력 끝에 교토의 어느 거리에서 조선 백자를 만난 거예요. 그러니 그때의 감동은 말로 다 할 수 없었을 거예요.

그때부터 우리 문화재에 눈을 뜨게 된 정조문은 도자기뿐 아니라 회화, 불상, 금속 공예품 등에도 관심을 갖기 시작해요. 그리고 일본 땅에 있는 우리 문화재들을 직접 찾아 나서기로 해요. 이때 조선인뿐 아니라 뜻이 맞는 일본 지식인들도 함께 활동하기도 했어요. 정조문이 진행하는 답사는 점차 입소문이 나면서 많은 사람의 관심을 받아요. 답사에 참여한 인원이 많을 때에는 500여 명이 넘기도 했어요. 그중에는 한국인보다 일본인이 훨씬 많기도 했죠.

정조문은 답사를 하면서 일본 속에 있는 한국 문화재에 대해 살펴보고 강의를 하기도 했어요. 그리고 답사와 강의 내용을 바탕으로 《일본 속

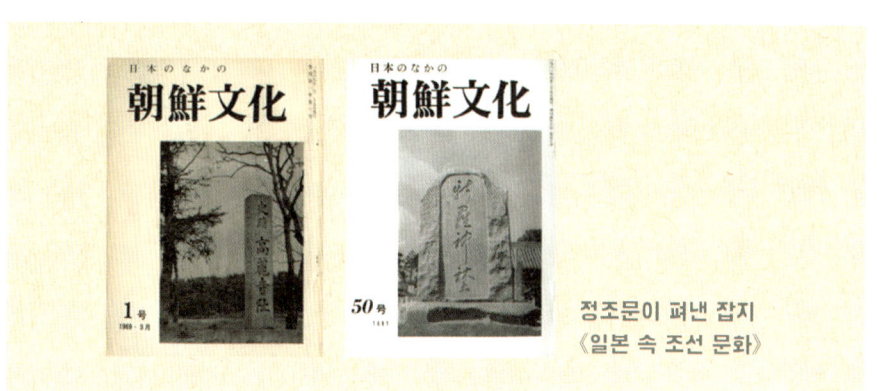

정조문이 펴낸 잡지 《일본 속 조선 문화》

조선 문화》라는 잡지를 출간했어요. 잡지에는 역사적으로 한반도 문화가 일본에 미친 영향에 대한 내용이 담겨 있어요. 조국의 문화에 대한 자부심을 이렇게 글로 표현한 거예요. 정조문은 일본 지식인들과 교류가 늘어나면서 점차 일본 사회에서 존경받는 인물로 자리 잡아요.

일본에서 유일한 한국 미술 전문 기관, 고려 미술관

정조문은 일본에 흩어져 있는 우리 문화재를 사 모으면서 간절한 꿈이 하나 생겼어요. 우리 문화재를 모아 박물관을 만들고 싶다는 꿈이었어요. 그리고 그 오랜 꿈은 1988년에 결실을 이루어요. 교토에 있는 자신의 집을 개조하여 '고려 미술관'을 개관한 거예요. 고려 미술관은 일본에 최초로 세워진 한국 미술 전문 기관이에요.

미술관 개관 당시, 일본의 한 방송사와 인터뷰를 하며 정조문은 이런 이야기를 하기도 했어요.

"재일 교포 학생들에게 이 박물관을 보여 주고 싶어요. 우리 선조들이 이런 도구를 사용했다는 것을 보여 주고 싶어요. 책이 아니라 직접 눈으로 말입니다."

정조문은 유년기의 자신과 같은 고민을 하며 성장할 재일 교포 학생들에게 민족적 자긍심을 선물하고 싶었던 거예요.

그는 미술관 이름을 오래전부터 '고려 미술관'이라 정해 두었어요. 여기에는 정조문의 깊은 뜻이 담겨 있기도 해요.

"나는 고려 미술관을 마련하고 싶어요. 그렇게 남쪽을 지지하는 일도, 북쪽을 지지하는 일도 없는 공통의 작은 광장을 미술관이라는 이름으로 갖고 싶은 것이 나의 목적입니다."

이 이야기는 해방 이후에 벌어진 우리나라의 아픈 역사와 관련이 있어요. 우리나라는 1945년 해방을 맞이한 뒤에 정부 수립을 둘러싸고 서로 다른 주장이 오가요. 결국 해방 3년째 되던 해에 남과 북, 두 개의 정부가 들어서게 돼요. 해방 이전에 일본으로 이주했던 동포들은 바다 건너에서 분단된 조국의 현실을 그저 바라볼 수밖에 없었어요. 그리고 남한과 북한 중 하나를 선택해야 하는 처지에 놓여요. 그래서 정조문은 미술관에

일본 교토에 있는 고려 미술관

한반도 최초의 통일 왕조였던 '고려'라는 이름을 붙인 거예요. 고려 미술관 안에서는 남한과 북한을 구분하지 않는 한반도의 광장을 만들고 싶었던 거죠.

통일이 되면 고려 미술관의 모든 유물을 조국에 기증하라

정조문은 조국에 대한 그리움을 항상 지니고 있었어요. 1970년대 정조문이 형 정귀문과 작가 김달수와 함께 쓰시마섬(대마도)을 방문했을 때 일화가 당시 정조문의 감정을 잘 보여 줘요.

쓰시마섬은 우리나라와 굉장히 가까운 섬이에요. 부산에서 50킬로미터도 채 떨어지지 않았어요. 그래서 고국을 그리워하는 재일 교포들이 종종 방문하던 곳이에요. 정조문도 일행과 함께 대마도 정상에 가서 바다 건너편에 있는 우리나라를 바라보고 내려가던 길이었어요. 그때 정조문은 갑자기 차를 세우고 울기 시작했어요.

"조국이 이렇게 가까운데, 우리는 왜 여기까지인가."

물론 마음만 먹으면 비행기나 배를 타고, 일본에서 한국으로 갈 수 있었던 상황이었어요. 하지만 정조문은 조국으로 가지 않고 일본에서 그저 눈물만 흘리며 조국을 그리워하고 있었어요. 분단된 조국에는 절대 돌아가지 않겠다고 다짐한 까닭이에요. 해방이 되었지만 남쪽과 북쪽으로 나뉘어 마음대로 고향으로 돌아가지 못하는 재일 교포들이 많았는데 정조

문도 그중 하나였어요. 조국에 돌아가지 않고 통일만을 염원하고 있던 거예요.

"저는 분단된 조국으로 돌아가고 싶지 않아요. 왜냐하면 남한도 북한도 내 조국이고 고향입니다. 그래서 저는 재일 교포로서 분단의 슬픔을 견디면서 이곳 교토에서 눈을 감겠어요. 내가 눈을 감을 곳은 고려 미술관이라 스스로 결정했어요."

정조문은 1988년에 고려 미술관 개관 당시 일본 NHK방송과 이런 인터뷰를 했어요. 그리고 그로부터 불과 여섯 달 후에 생을 마쳐요. 정조문은 숨을 거두기 전에 "통일이 되면 그때 고려 미술관의 모든 유물을 조국에 기증하라."라는 유언을 남기기도 했어요.

정조문의 장례식에는 무려 4천여 명이 함께해요. 어린 나이에 일본으로 넘어와 식민지 국민의 설움을 겪었던 소년은, 그 땅에서 조국을 빛낼 미술관을 세우고 많은 사람의 배웅을 받으며 마지막을 보냈던 거예요. 우리 문화재를 조사하고 수집하면서 재일 교포로 살고 있는 후손들에게 조국의 역사를 알려 주고자 했던 정조문의 발자취는 우리에게 큰 울림을 줘요.

6
추사 김정희의 그림과 얽히다

손재형, 후지즈카 부자(父子),
손세기와 손창근: 〈세한도〉

스승이 제자에게
그려 준 그림

잠깐 아래 그림을 살펴볼게요. 가운데 집이 한 채 있어요. 동그라미, 세모, 네모, 마름모꼴만으로 간단하게 표현했네요. 옆에 서 있는 나무에 비해 꽤 단순해요. 이 정도 집 모양은 쉽게 따라 그릴 수 있겠다고 생각한 친구들도 있을 것 같아요. 여백이 많아 심심해 보이기도 한다고요?

이 그림은 국보 180호인 〈세한도〉예요. 조선 후기 서예가 추사 김정희의 작품이지요. 이 작품은 그림과 얽혀 있는 이야기를 알면 알수록 그 가치에 고개가 끄덕여지는 그림이에요.

김정희는 유년 시절에 권세 있는 집안에서 비교적 부유하게 자랐어요. 김정희의 증조할아버지는 영조 임금의 사위였거든요. 권세가 집안에서

추사 김정희의 그림 〈세한도〉

자란 덕에 김정희는 사절단으로 가는 아버지를 따라 청나라에 여러 번 다녀오곤 했어요. 그 과정에서 청나라 학자들과 교류하며 조선 제일의 학자로 성장했지요.

그러나 그의 인생 후반부는 평탄하지 않았어요. 집안이 정치적 문제로 어려움을 겪으면서, 김정희는 쉰다섯 살에 수도 한양에서 가장 먼 제주도로 유배를 가게 돼요. 대개 정치적 문제로 얽혀 죄인이 되면 한양에서 멀리 떨어진 전라도나 제주도로 유배를 가야 했어요. 김정희는 제주도에서도 가장 아래 지역으로 유배를 갔으니 매우 혹독한 형벌을 받은 셈이었죠.

유배뿐만 아니라 '위리안치'라는 형벌도 받아요. 위리안치란, 유배지에서 죄인들이 달아나지 못하도록 가시 울타리를 쳐서 가두는 형벌을 말해요. 당시 조선에서 제일가는 학자로 받들어지던 김정희의 삶에 큰 시련이 찾아온 겁니다.

유배되어 있던 시기에 김정희는 아내가 사망했다는 소식까지 전해 들어요. 머나먼 외딴섬에서 외롭게 지내는 그를 찾아오는 사람들도 점점 줄어들어요. 행여 유배 중인 김정희를 찾아갔다가는 불똥이라도 튈지 모르니 부담스러웠을 거예요.

그런 중에도 김정희를 보기 위해 제주도까지 자주 오갔던 이가 있었으니, 그의 제자 이상적이에요. 통역관이었던 이상적은 청나라를 다녀올 때마다 귀한 책들을 구해서 제주도까지 가져다주곤 했어요. 김정희는 그런 제자가 너무도 고마웠을 거예요. 그래서 김정희는 이상적에게 그림 한 점을 그려 줍니다. 이때가 1844년으로, 추사가 제주도에 유배된 지 5

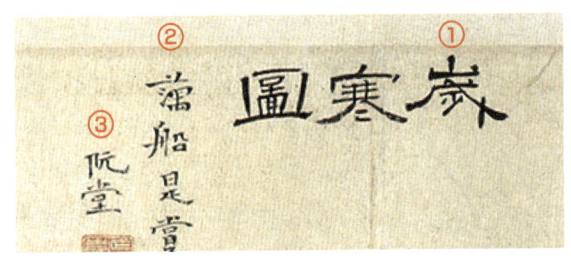 

〈세한도〉 부분 그림

년이 되었을 무렵이었죠. 이렇게 탄생한 그림이 바로 〈세한도〉예요.

〈세한도〉를 다시 한 번 자세히 살펴볼까요. 집을 가운데 두고 양옆으로 잎이 무성한 잣나무 세 그루와 쓰러질 듯한 늙은 소나무 한 그루가 있어요. 소나무가 살짝 잣나무에 기대어 있는 것처럼 보이죠? 이를 두고 어떤 미술사학자는 기울어진 늙은 소나무는 유배지에 와 있는 김정희 자신을, 반듯한 잣나무는 제자 이상적을 표현한 것이라 해석하기도 했어요.

그림 오른쪽을 보면 소나무에서 뻗어 나온 가지 하나가 글자를 받치고 있는 듯해요. '세한도歲寒圖(①)'라는 그림 제목과 '우선시상藕船是賞(②)'과 '완당阮堂(③)'이라는 글귀가 쓰여 있어요. '세한도'란 '추운 시절에 그린 그림'이라는 뜻이에요. '추운 시절'이라는 것은 제주도로 유배된 자신의 상황과 처지를 빗댄 표현이겠죠. '우선시상'에서, '우선'은 이상적의 호예요. '이상적, 이것을 보시게.'라고 해석할 수 있어요. '완당'은 김정희의 또 다른 호이고요.

제목 아래에는 낙관(글씨나 그림에 작가가 찍는 도장)이 찍혀 있는데 '장무상망長毋相忘(④)'이라 하여, '오랫동안 서로를 잊지 말자.'라는 내용을 남겨 두었어요. 제자의 지극한 정성에 고마워하는 스승의 마음을 그림 곳곳에서 살펴볼 수 있네요.

보다 직접적으로 김정희의 마음을 표현한 부분도 있어요. 김정희는 그림 왼쪽에 직접 글을 써 두었어요. '날씨가 차가워진 후에야 소나무와 잣나무가 늘 푸르다는 것을 알 수 있다.'라는 내용이 그림과 함께 실려 있지요. 이 글귀는 어려운 상황을 지내다 보면 진실한 사람을 가려낼 수 있다는 뜻일 거예요. 원래 기쁜 일에 함께하는 친구보다는 힘들 때 함께하는 친구가 더 고마운 법이거든요. 김정희가 힘든 시간을 보낼 때 제자 이상적이 청나라에서 어렵게 책까지 구해서 보내 주었으니 얼마나 고마웠을까요. 김정희는 제자 이상적에 대한 마음을 이렇게 비유적으로 표현한 거예요.

청의 학자들에게 받은 감상평이 덧붙다

이상적은 스승에게 선물 받은 〈세한도〉를 청나라에 가져가서 학자들에게 보여 줘요. 김정희는 당시 청나라 수도였던 베이징에서 당대 최고의 학자라고 불리는 옹방강, 완원 등과 교류하며 청의 학자들에게도 인정받는 인물이었거든요. 이상적이 내민 김정희의 그림을 본 청의 학자들은 각자의 감상평을 적어 줘요.

우선(이상적)이 추사의 세한도를 보여 주었다. 이 그림은 이상적을 격려한 것이며 또한 추사 자신을 격려한 것이기도 하다. 그 뒤에 아울러 세상을 등져도 번민이 없다는 생각으로 추사의 뜻을 엿보다.

— 1845년, 청의 문인 장악진

학자들은 〈세한도〉 속에 담겨 있는 김정희의 뜻을 세심하게 읽어 냈어요. 이렇게 감상평을 써 준 청의 학자들이 열여섯 명이었고, 그것을 다 모아 붙였더니 무려 10미터가 넘는 두루마리가 되었지요. 오늘날로 치

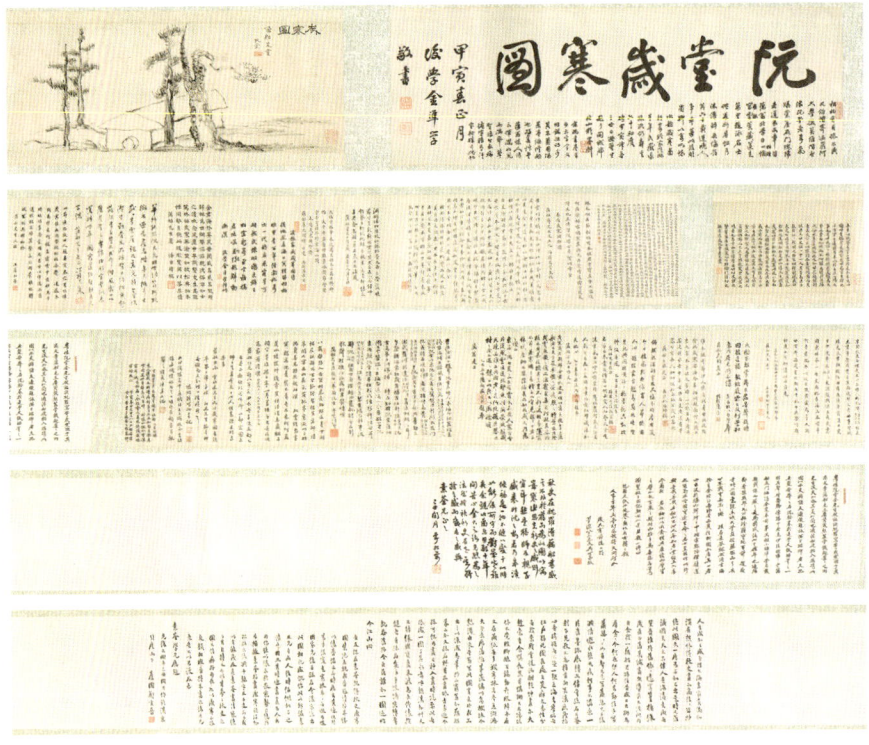

〈세한도〉에 이어지는 여러 학자들의 시

면 당대의 유명한 인사들로부터 소감과 추천평을 받은 것이라 할 수 있어요.

이상적은 이 그림과 글을 들고 다시 제주도로 스승을 찾아가요. 그리고 청나라 학자들이 쓴 수많은 글을 보여 주지요. 외딴섬에 유배되어 발이 묶여 있는 스승에게 아직도 청나라 학자들이 김정희를 잊지 않았다는 것을 확인시켜 준 거예요. 이걸 받아 든 김정희의 마음이 어땠을지 충분히 짐작할 수 있겠지요?

한편, 〈세한도〉 감상평 끝에는 시간이 한참 흐른 뒤에 적은 것으로 보이는 글귀가 하나 더 있어요. 내용은 뜻밖에도 김정희와 관련된 내용이 아니랍니다.

포탄이 비와 안개처럼 자욱하게 떨어지는 가운데, 손재형이 어려움과 위험을 두루 겪으면서 겨우 뱃머리를 돌려서 〈세한도〉가 돌아왔다. 만일 생명보다 더 국보를 아끼는 선비가 아니었다면 어떻게 이런 일을 할 수 있었겠는가.

- 오세창

민족 대표 33인 중 한 사람이기도 한 서예가 오세창은 〈세한도〉에 이런 글을 남겨 두었어요. 이 글 안에는 손재형이라는 사람이 포탄이 떨어지는 가운데 뱃머리를 돌려 〈세한도〉를 가져왔다고 이야기하고 있네요. 여기에 나오는 손재형이라는 인물은 누구일까요. 또한 포탄이 떨어지는 상황은 어떤 사건을 이야기하는 걸까요.

일본으로 넘어간 〈세한도〉를 찾다

김정희가 제자 이상적에게 주었던 〈세한도〉는 세월이 흘러 여러 사람의 손을 거치게 돼요. 먼저 이상적의 제자 김병선이 물려받고, 다시 그의 아들 김준학이 물려받아요. 이때 김준학은 〈세한도〉에 대한 감상기를 덧붙여 두기도 했어요. 이후 휘문 고등학교 설립자인 민영휘와 아들 민규식에게 넘어가는데, 이때 〈세한도〉가 경매에 나오지요. 이 경매에서 〈세한도〉를 구입한 사람은 일본인 후지즈카 교수랍니다.

후지즈카 교수는 일제 강점기 우리나라에 머무르며 경성 제국 대학 교수를 했던 인물이에요. 그는 재직해 있는 동안 추사 김정희의 작품을 많이 수집했어요. 1943년 대학 교수를 그만두고 일본으로 돌아가면서 〈세한도〉를 비롯한 김정희의 그림과 글씨 등 자료 2만여 점을 가지고 가요.

문화재 수집가 손재형은 이 소식을 듣고 직접 후지즈카 교수를 만나 김정희의 그림을 받아 오기로 결심합니다. 그래서 1944년 일본 도쿄에 있는 후지즈카 교수 집으로 직접 찾아가지요.

"선생님, 제게 이 그림을 파십시오."

그러나 손재형의 부탁을 후지즈카 교수는 단호하게 거절해요.

"나는 평생 김정희의 작품을 연구한 사람이오. 김정희는 내가 무척 존경하는 인물입니다. 그의 그림을 다른 사람에게 넘겨줄 수 없소."

"그렇다면 선생님께서 마음을 바꾸실 때까지 제가 매일 찾아뵙도록

하겠습니다. 우선 오늘은 물러갑니다. 내일 또 뵙겠습니다."

손재형은 후지즈카 교수의 집 앞에 숙소를 잡고 무려 두 달 동안 매일 그를 찾아갔어요. 손재형은 문화재 수집가이기도 했지만 이름난 서예가이기도 했어요. 그래서 김정희 그림뿐 아니라 유명한 청나라 학자들의 글이 함께 있는 〈세한도〉의 가치를 누구보다도 잘 알고 있었어요. 그러니 절대 포기할 수 없던 거예요.

손재형이 후지즈카 교수의 집까지 찾아간 1944년은 일본이 태평양 전쟁을 벌이고 있던 시기였어요. 전쟁 막바지에 연합군은 일본의 큰 도시들을 수시로 공습하고 있었어요. 특히 도쿄는 언제 포탄이 떨어질지 모르는 위험한 상황이었지요. 하지만 손재형은 〈세한도〉를 되찾겠다는 의지 하나로 도쿄에 남아 후지즈카 교수를 설득하고 또 설득한 거예요. 결국 후지즈카 교수는 손재형의 정성에 감탄하며 〈세한도〉를 비롯해 김정희의 작품 일곱 점을 더 내놓지요.

손재형이 〈세한도〉를 되찾아 온 뒤에, 후지즈카 교수의 연구실에는 포탄이 떨어져 불이 나 버렸다고 해요. 그때 〈세한도〉를 찾아오지 않았다면 우리는 영영 〈세한도〉를 보지 못했을지도 몰라요. '포탄이 떨어지는 가운데 손재형이 〈세한도〉를 되찾아 왔다.'라고 한 오세창의 글귀가 떠오르는 대목이에요.

그러나 안타깝게도 손재형은 1950년대 말에 국회의원 선거에 출마하며 한 가지 실수를 해요. 선거 자금을 마련하기 위해 〈세한도〉를 내놓았다가 되찾지 못하거든요. 〈세한도〉는 이후 다시 여러 사람의 손을 거치다가 미술 수집가 손세기의 아들 손창근 소유가 돼요. 손재형이 〈세한도〉를 끝까지 지키지 못한 부분은 아쉽지만, 일본에서 폭격에 사라질 수도 있던 문화재를 되찾아 온 일은 높이 평가받고 있어요.

후지즈카 아키나오와 손창근의 이야기

〈세한도〉와 후지즈카 교수와 관련된 이야기가 하나 더 남아 있어요. 2006년 어느 날, 후지즈카 교수의 아들 후지즈카 아키나오는 아버지가 생전에 모아 놓은 김정희의 자료들을 과천시에 기증했어요. 무려 2,700여 점이나 되는 자료를 말이지요. 또한 추사 김정희 연구 기금으로 200만 엔(약 2,000만 원)을 기부했어요.

같은 해 7월에 후지즈카 아키나오는 세상을 떠나면서 1만 4천여 점을 추가로 기증해요. 김정희가 제자와 가족에게 보낸 친필 편지나 청나라 학자들과 교류한 글, 그림 등을 대가 없이 건넨 거예요. 우리 역사 연구에 필요한 너무나 귀중한 자료였어요. 후지즈카 아키나오는 아버지가 평생 모아 온 김정희의 작품들이 필요한 곳으로 가는 게 자신도 기쁘다고 이야기했어요.

우리나라에도 비슷한 경우가 있었어요. 아버지와 아들이 함께 추사 김정희 그림을 수집하고 기증한 사례예요. 〈세한도〉를 마지막에 소장한 손세기와 아들 손창근이에요. 이 부자는 2008년 박물관에 미술 연구 기금으로 1억 원을 기부하는가 하면, 2018년에는 소장품 304점을 국립 중앙 박물관에 기증해요.

그중 〈세한도〉는 2010년에 국립 중앙 박물관에 기탁해요. 기탁이란, 소유권은 유지하면서 관리와 보관의 권한을 박물관에 넘기는 방식이에요. 소유권을 완전히 상대에게 넘기는 기증과는 방식이 다르답니다. 손창근 선생은 자신이 소장한 김정희의 모든 작품은 기증하면서도, 〈세한도〉만큼은 기증이 아닌 '기탁'으로 남겨 둔 거죠. 어찌 보면, 〈세한도〉가 어떤 의미가 있는 작품인지 누구보다 잘 알고 있었기 때문에, 곁에 두고 싶었던 것일지도 몰라요.

그러던 중, 2020년 그가 박물관에 결국 〈세한도〉까지 기증하겠다는 의사를 밝힙니다. 오랜 고민 끝에 내놓기로 결심했다고 덧붙였죠. 이로써 〈세한도〉는 공공의 문화재가 될 수 있었어요.

자, 이제 〈세한도〉를 다시 한 번 살펴보세요. 그림이 처음과는 조금 달라 보이나요? 〈세한도〉에는 시대와 공간을 뛰어넘는 인연이 담겨 있다는 걸 알았으니까요.

　뭔가 허전한 듯한 이 그림의 여백에는 이렇게 많은 사람의 이야기가 꼬리에 꼬리를 물고 있었어요. 추사 김정희는 그림 속에 세상 풍파에 맞서는 고단함과 세상에 외면당하며 느낀 외로움을 담았고, 헌신한 제자에 대한 고마움도 표했어요. 제자 이상적은 스승을 응원하는 청나라 학자들의 글을 엮어 그림에 또 다른 작품을 이어 갔고요. 세월이 흘러 일본에 있는 〈세한도〉를 어렵게 가지고 돌아온 손재형과, 추사 김정희의 작품을 평생 수집한 뒤 박물관에 기증한 손세기, 손창근 부자와 후지즈카 부자 역시 문화재의 가치를 알고 지키기 위해 노력한 사람들이라는 걸 기억해요.

7
조선의 석탑을 돌려주라고 외치다

베델과 헐버트: 개성 경천사지 십층 석탑

국립 중앙 박물관 실내에 탑이 세워져 있는 이유

국립 중앙 박물관에 들어가면 실내 복도 한가운데 커다란 탑이 우뚝 서 있어요. 이 탑 이름은 개성 경천사지 십층 석탑이에요. 고려 시대 개성에 자리한 경천사에 있던 탑이지요. 개성에 있던 거대한 탑이 국립 중앙 박물관에 오기까지는 여러 이야기가 얽혀 있어요. 우선 100년 전 개성으로 가 보기로 해요.

일제 강점기 당시 개성 경천사지 십층 석탑

'이게 바로 그 탑이군. 크기도 크고, 조각도 정교한 것이 보통 물건이 아니야.'

1904년, 한 일본인이 탑 사진을 유심히 들여다보고 있었어요. 그는 일본의 왕을 보좌하는 궁내 대신 다나카 미쓰아키였어요. 다나카는 오늘날 도쿄 국립 박물관에 해당하는 도쿄 제실 박물관을 담당하며 취미로 오래된 미술품을 수집하는 사람이었어요.

그가 들여다보고 있던 것은 당시 일본의 한 미술사학자가 발행한 《한국 건축 조사 보고서》였어요. 우리나라 문화재를 조사하여 발행한 이 보고서에서 개성 경천사지 십층 석탑은 특히나 많은 이의 관심을 받고 있었어요. 다나카 역시 그 보고서에 있던 탑 사진에서 눈을 떼지 못하고 있었어요.

다나카의 탐욕은 생각에 그치지 않았어요. 1907년, 순종 황제 결혼 축하 사절단으로 우리나라를 방문한 다나카는 열흘 정도 머무르면서 결국 일을 벌여요. 개성 경천사지 십층 석탑을 일본 자신의 집 정원으로 가져갈 계획을 세우고 준비를 해 둔 거예요.

그로부터 두 달 뒤, 다나카는 탑이 자리 잡고 있던 개성 부소산 자락에 나타납니다. 다나카는 총을 지닌 일본인 사오십 명을 거느린 채, 짐을 실을 때 사용하는 달구지도 가지고 와 작업을 시작했어요.

그러나 이내 작업은 중단되고 말아요. 다나카가 돌연 석탑을 가져가려 한다는 소식을 들은 개성 군수가 서둘러 주민들에게 알렸기 때문이에요. 개성 주민들은 일본인들이 문화재를 약탈하는 현장으로 달려가 탑 주변을 둘러싸고 막아섰어요.

하지만 다나카는 주민들 앞에서 당당하게 이야기했어요.

"이 석탑은 당신네 나라 고종 황제가 나에게 기념 선물로 준 것이오. 문제 될 것이 없소! 당신들이 왈가왈부할 일이 아니니 다들 비켜서시오. 어서!"

다나카 일행은 주민들을 총칼로 위협하면서 석탑을 해체하기 시작했어요. 주민들은 고종의 허락이 있었다는 이야기를 듣고 물러설 수밖에 없었어요.

결국 다나카 일행은 개성 경천사지 십층 석탑을 낱개의 돌로 해체한 다음, 수십 대의 달구지에 실어 개성역으로 옮겼어요. 그러고는 개성에서 인천까지는 기차로, 인천에서 일본까지는 배로 이동하여 다나카의 집까지 가지고 갔지요.

그런데 정말 다나카의 주장대로 고종 황제가 그에게 개성 경천사지 십층 석탑을 선물한 거냐고요? 당연히 사실이 아니지요. 다나카가 거짓말을 했다는 걸 증명할 문서도 남아 있어요.

경천사가 사라진 이후, 야산에 홀로 서 있던 것을 1907년 다나카 대신은 이를 일본 본토로 운반하여 물의를 일으켰음. 그 바람에 포장도 풀지 않은 채 일본 도쿄의 다나카 집의 정원에 보관되어 있다고 함. 다나카 대신은 하등의 수속을 거치지 않고 그것을 운반해 갔으므로 어떤 구실로도 그의 사유물일 수 없음.

이 문서는 1916년에 일본에서 작성한 보고서예요. 보고서에는 다나카가 어떤 수속도 거치지 않고 탑을 가져가서 물의를 일으켰다고 쓰여 있네요. 명백히 다나카의 발언은 거짓이며 독단적으로 탑을 강탈해 간 것이라는 걸 확인할 수 있어요. 물론 이 보고서를 얼마나 신뢰할 수 있는지 반문하는 사람도 있어요. 하지만 일본에서도 자기 나라 대신이 벌인 범죄를 더 부풀려서 기록해 두지는 않았을 테니, 강제로 가져간 사실을 인정하고 있는 자료로 보기에 부족함이 없어요. 다나카의 행동은 우리 문화재를 무단으로 빼돌린 범죄였음이 틀림없어요.

영국인 베델의
분노 섞인 외침

    1907년 개성 경천사지 십층 석탑 반출 사건이 있었을 당시, 이 사건을 주목했던 외국인이 있었어요. 그는 양기탁과 함께 《대한매일신보》를 발행하던 영국인 기자 어니스트 베델이었어요. 베델은 이 사건을 취재하여 다음과 같은 기사를 실어요.

> 군수가 같이 하루 머무르며 운송을 금지시킴과 함께 인부들을 쫓아 보냈고, 동네 사람 수십 명을 불러내 며칠만이라도 산에 올라가 탑을 지키라고 하였다. 그랬더니 일본인과 인부들이 다짜고짜 총을 쏘고 칼을 휘두르며 탑을 헐어 십여 대의 달구지로 실어 날랐다. 동네 사람들이 그것을 막을 수 없었다고 하기에 군수가 현지에 달려가 보았더니, 완전히 실어 가고 남은 것이 하나도 없었다.
>
> 《대한매일신보》 1907년 3월 21일자

    이 기사가 보도되자마자, 아니나 다를까 일본 정부를 대변하는 데 앞장서던 신문사에서는 이러한 내용이 거짓이라고 반박하는 기사를 쓰기 시작했어요. 그러자 베델과 양기탁은 구체적인 근거를 들어서 다시 반박하며 설전을 벌여요. 다나카의 주장대로 황제의 승낙이 있었다면 지방 관리와 주민들이 저항할 이유가 없다는 점, 다나카가 총칼을 동원해 위협한 점, 황제의 승인이 담긴 명백한 문서가 없다는 점을 조목조목 짚어 나갔어요.

베델은 이 사건 이전부터 일본의 탄압을 비판하는 기사를 써 왔던 외국인 기자였어요. 그래서 일본 통감부의 지속적인 압박을 받고 있었지요. 그런 상황에서도 베델은 개성 경천사지 십층 석탑의 무단 반출 사건을 주목하고 이를 비난하는 목소리를 냈던 것이죠.

베델은 이후에도 일본의 만행을 고발하는 글을 신문에 꾸준히 실어요. 1908년에 벌어진 미국인 스티븐슨 암살 사건을 기사로 쓰기도 했지요. 스티븐슨은 일본이 을사조약(1905년)을 체결해 강제로 우리나라의 외교권을 빼앗는 과정에서 일본 측에 도움을 준 인물이에요. 이에 베델은 항일 운동가 전명운과 장인환이 스티븐슨을 암살한 것을 신문에 실어 조

개성 경천사지 십층 석탑의 강탈을 비판하는 기사를 쓴 영국인 기자 베델

합정동 외국인 묘지에 있는 베델의 무덤

선의 항일 운동에 힘을 싣고자 했어요.

　일본 입장에서 영국인 기자 베델은 일본의 만행을 전 세계에 폭로하는 눈엣가시 같은 존재였어요. 그래서 베델을 재판에 넘겨 6개월의 근신형과 3주의 금고형을 받게 하지요. 그 과정에서 건강이 악화된 베델은 1909년 서른일곱 살의 젊은 나이에 병으로 세상을 떠나고 말아요. 베델이 사망하자 그를 추모하는 언론인들은 함께 묘비를 세웠어요. 이때 베델의 공로를 추모하는 글을 비석에 새겨 넣었죠. 하지만 일본은 칼과 망치로 비석의 내용을 지워 버리는 일도 서슴지 않아요.

　베델의 무덤은 현재 합정동 외국인 묘지에 가면 볼 수 있어요. 그곳에서 베델 비석의 뒷면 일부가 깎여 있는 것도 확인할 수 있지요. 우리는 비석의 흔적을 통해서, 지속적인 탄압에도 불구하고 우리나라의 독립을 위해 자신의 목소리를 냈던 한 기자에 대해 생각하게 돼요.

베델의 기사에서 이어진 헐버트의 보도

　베델 외에도 개성 경천사지 십층 석탑 무단 반출 문제를 관심 있게 지켜본 외국인이 또 있었어요. 바로 월간지 《코리아 리뷰》 편집자인 미국인 호머 헐버트였어요.

　헐버트는 당시 베델이 《대한매일신보》에 쓴 기사 내용을 보았어요. 이후에 베델이 일본 정부 입장을 옹호하는 신문사로부터 공격을 받자,

그를 도와야겠다 생각해요. 헐버트는 다나카의 석탑 반출 사건을 일본의 영자 신문인 《저팬 클로니클》과 미국의 《뉴욕 포스트》에 보도하면서 힘을 보태고자 했어요. 그는 기사에서 석탑을 반환하는 문제는 일본의 의무라고 명확하게 지적하지요.

조선국 황태자 순종의 결혼 가례에 다나카 미쓰아키 자작이 일본국 천황의 특사로서 참석했을 때, 특사의 지위를 이용하여 경천사지 십층 석탑을 가지고 갔다. 나는 석탑 반환이 일본의 의무라고 생각하며, 일본 당국에 대해 필요한 모든 것을 말할 작정이다.

《저팬 클로니클》 1907년 5월 13일자

헐버트가 우리나라에 도움을 주었던 것은 이때가 처음은 아니었어요. 을사조약이 체결된 당시에도 헐버트는 여러 가지 방법으로 우리 민족을 돕고자 했었죠. 당시 헐버트는 고종의 명을 받아 미국 루스벨트 대통령에게 밀서를 전하러 워싱턴을 방문하기도 해요. 또한 1907년 네덜란드 헤이그에서 열리는 만국 회의 때 이상설, 이위종과 함께 고종 황제의 밀사로 파견되기도 하고요. 일본이 우리 외교권을 강제로 빼앗은 일이 부당하다는 것을 전 세계에 알리고자 노력해 온 거예요. 개성 경천사지 십층 석탑 반출에 대한 헐버트의 반박 글 역시 이런 맥락에서 나온 것이었어요.

우여곡절 끝에 돌아온 탑
그리고 기나긴 복원의 과정

베델과 헐버트의 이런 노력은 개성 경천사지 십층 석탑 반환에 어떤 영향을 주었을까요. 이들의 신문 기사 내용이 보도되면서 국내뿐 아니라 국외에서도 다나카에 대한 비난의 화살이 쏟아졌지요. 반환 여론의 압박을 느낀 다나카는 결국 탑을 우리나라에 가져다 놓을 수밖에 없었어요. 개성 경천사지 십층 석탑은 일본으로 옮겨간 지 11년 만인 1918년에 우리나라로 돌아올 수 있었어요.

하지만 반환되었다고 탑을 다시 세울 수 있었던 건 아니었어요. 당시 기술로는 한번 해체된 탑을 복원하는 게 쉽지 않았어요. 그래서 탑은 원래 세워져 있던 개성이 아닌 경복궁 근정전 회랑에 조각이 나뉜 채로 방치되어 있었어요.

　석탑은 그대로 경복궁에 남아 있다가 1959년이 되어서야 경복궁 뜰에 세워서 복원하기로 해요. 하지만 그때도 기술이 부족하여 원래 모습대로 완벽하게 돌려놓기란 어려웠지요. 그래서 훼손된 부분을 시멘트로 메우고 말아요.

　시간이 흘러 개성 경천사지 십층 석탑을 제대로 복원하자는 논의가 진행돼요. 우선 시멘트로 보수한 부분을 다시 뜯고 재복원을 해야 했어요.

국립 중앙 박물관 복도에 세워져 있는
개성 경천사지 십층 석탑

탑의 재질 때문에 보관 장소를 변경하는 문제도 있었어요. 개성 경천사지 십층 석탑은 대리석으로 만들어져서 산성비에 약한 성질이 있었어요. 계속해서 야외에 전시할 경우 더 훼손될 우려가 있었지요. 그래서 탑을 실내로 옮기기로 결정하고 2005년에 석탑을 국립 중앙 박물관 로비에 재조립하여 전시할 수 있었어요. 우리가 국립 중앙 박물관에서 만날 수 있는 높다란 탑은 이런 험난한 과정을 거쳐 그 자리에 설 수 있었던 거죠.

　어쩌면 일본인 다나카의 집 정원에 있었을지도 모를 석탑은 여러 사람의 노력으로 우리 곁에 남아 있게 되었어요. 일제 강점기에 부당한 일들을 알린 베델과 헐버트, 개성 경천사지 십층 석탑을 위해 맨몸으로 일본군에 맞선 개성 주민들까지 모두 석탑을 지켜 낸 사람들이라는 걸 잊지 말아야 해요.

8
신미양요 때 빼앗긴 깃발을 되찾아 오기 위해 행동하다

토마스 듀버네이: 어재연 부대의 수자기

미국에서 온
편지 한 통

　1871년 2월, 미국에서 온 편지 한 통이 중국을 통해 흥선 대원군에게 전해졌어요. 편지에는 5년 전에 있었던 제너럴셔먼호 사건에 대해 논의하자는 내용이 적혀 있었어요. 그때 사람이 죽고 물건이 없어진 일에 대한 원인을 밝히고 통상을 하자는 내용까지 담겨 있었지요.

　편지 속에 등장하는 제너럴셔먼호 사건은 1866년에 평양에서 일어났어요. 1860년대부터 조선 바다에는 서양의 배가 출몰하곤 했어요. 그러던 중 미군 상선인 제너럴셔먼호가 평양 대동강까지 올라오는 일이 벌어졌어요. 이들은 교역을 요구하며 대포와 총을 발사하고 평양 백성들을 위협했죠. 이 과정에서 일부 백성이 총을 맞고 사망하고 말아요.

　이 소식을 보고받은 조정은 강력하게 대처하기로 결정해요. 조정에서는 평안 감사 박규수에게 미국 상선을 막을 것을 명령해요. 이에 박규수는 배에 인화 물질을 실어 제너럴셔먼호 쪽으로 보내는 작전을 써요. 결국 제너럴셔먼호에 불이 나 배에 타고 있던 미국 선원들이 사망했어요.

　이러한 사건이 발생한 지 5년이 지난 시점에, 미국은 제너럴셔먼호 사건을 핑계 삼아 다시 조선에 접근해 왔던 거예요.

　흥선 대원군은 서둘러 대신들을 불러 모았어요. 통상에 반대하는 대신들의 의견은 완강했지요.

　"이를 어찌하면 좋겠소. 대신들 생각은 어떠하오?"

"그들이 사건을 함께 조사하자고 이야기하고 있지만, 우리와 교역을 하자는 의도가 명백해 보입니다."

"옆 나라 중국과 일본도 같은 방식으로 서양 세력에 의해 강제로 문을 열게 되지 않았습니까. 그러나 현재 두 나라 모두 정치적 간섭까지 받는 등 어려움을 겪고 있습니다."

"맞습니다. 우리도 비슷한 길을 걷게 될 가능성이 높습니다."

"이들과 교역할 생각이 없음을 분명하게 밝히는 것이 좋다고 생각되옵니다."

조선은 협상에 응하지 않겠다는 의사를 미국에 전달했어요. 그러나 미국은 그대로 물러서지 않았어요. 미국은 조약 체결을 주장하며 다시 군함을 끌고 강화도 앞바다에 들어섰어요. 강화도는 한강을 통해 수도 한양으로 들어가는 길목이었기 때문에 반드시 지켜야 했어요. 순간 강화도는 전쟁터가 되어 버렸지요.

강화도에서 어재연 부대가 미군에 맞서다

미 군함이 강화도에 들어서자 요새인 광성보를 지키던 군인들은 대포를 쏘며 저항했어요. 이에 미군 역시 대포를 쏘며 공격해 왔어요. 어재연 장군이 이끄는 군대는 격렬히 맞서 싸웠어요. 어재연 장군은 이미 한차례 강화에서 큰 전투를 치른 경험이 있었어요. 미국의 공격을 받기 5년 전인 1866년 그는 프랑스 군대가 강화도를 침략하자 병사를 이끌고 강화 광성보를 방어했죠.

우리 군은 창과 칼로 굳건히 맞섰어요. 무기가 떨어지면 돌멩이를 던져 맞서고, 흙을 뿌리며 미군이 성벽을 올라오지 못하게 필사적으로 방어했어요. 하지만 발달된 무기로 공격해 오는 미군을 막아 내기란 불가능에 가까웠어요. 게다가 미국 안에서 벌어진 남북 전쟁으로 미군은 전투 경험까지 풍부했어요.

결국 어재연 부대가 지키고자 한 광성보는 미군에게 함락되고 말아요. 조선 병사 350여 명은 모두 전사하지요. 그러나 그들이 얼마나 치열하게 싸웠는가는 당시 전투에 참여했던 슐레이 소장의 회고에서 짐작해 볼 수 있어요.

> 조선군은 그들의 진지를 사수하기 위하여 용맹스럽게 싸우다가 모두 전사했다. 아마도 우리는 가족과 국가를 위해 그토록 강렬하게 싸우다가 죽은 국민을 다시는 볼 수 없을 것이다.
>
> 슐레이의 회고록 《기함에서의 45년》

어재연 부대가 강화도 끝에서 미군에 맞선 이 전투를 신미양요라고 불러요. 신미년(1871년)에 서양인들이 일으킨 난리라는 뜻이죠. 전투가 끝난 광성보에는 쓰러져 있는 병사들 위로 포탄의 매캐한 냄새만 남아 있었어요. 그리고 광성보에 꽂혀 있던 커다란 깃발만 쓸쓸하게 나부끼고 있었지요.

어재연 부대의 수자기

그때, 이 깃발이 미국 병사들의 눈에 들어왔어요. 미군은 전투에서 승리한 기념으로 어재연 부대의 깃발을 챙겨 가요. 그리고 그 자리에 미국 국기를 걸어요. 그날의 치열한 전투를 지켜보던 깃발은 그렇게 미국 땅으로 건너가게 돼요. 그리고 미국 해군 사관 학교 박물관 진열장 속으로 들어갑니다.

수자기 반환에 앞장선
미국인 토마스 듀버네이

신미양요 당시 광성보에 걸려 있던 깃발에는 '수(帥)'라는 글자가 검은색으로 새겨져 있어요. '수'는 장수를 의미하는 단어예요. 이 글자가 쓰여 있는 깃발을 '수자기'라 하는데, 장군이 전투를 지휘하는 곳에 꽂는 깃발이에요. 해상 전투 장면을 묘사한 옛 그림 속에 수자기가 있는 것을 볼 수 있는데, 그 지점이 전투를 총지휘하는 장군이 있는 곳이라고 생각하면

임진왜란 당시 장군이 탄 배에 걸려 있던 수자기

되지요.

그러니 강화도 광성보의 수자기는 신미양요 때 어재연 장군이 광성보를 군대를 이끌고 싸운 흔적의 일부예요. 그뿐만 아니라, 신미양요 당시에 목숨을 걸고 싸웠던 병사들과 백성들의 용맹함을 보여 주는 상징적인 문화재이기도 해요.

한편 신미양요 때 미군이 빼앗아 간 어재연 장군의 수자기를 눈여겨본 한 사람이 있었어요. 그는 한국에 오랜 기간 머무르며 한국학 전공을 한 미국인 토마스 듀버네이 교수였어요.

토마스 교수는 어재연 장군의 수자기가 미국 해군 사관 학교 박물관에 있다는 걸 알고, 수자기를 원래 있던 한국으로 돌려 달라고 자국에 요청해요. 그러나 얼마 뒤에 해군 사관 학교 박물관 측으로부터 '우리는 법에 따라 깃발을 전시하고 있으며 철수할 경우도 법에 따라서만 가능합니다.'라는 답변만 받았어요. 박물관에서는 수자기를 반환하는 문제는 미국 의회와 대통령의 승인이 있어야 한다고 단호하게 덧붙였어요.

토마스 교수는 수자기 반환 문제를 포기하지 않고, 이번에는 미국 의회 의원과 빌 클린턴, 조지 부시 대통령에게 편지를 보냈어요. 그러나 편지를 보낸 직후에 바로 답이 오진 않았어요. 해군 사관 학교에서도 '많은 미국인이 이 깃발을 차지하기 위해 목숨을 잃었다.'라고 거듭 답하기도 했어요. 수자기는 미국 군인들의 희생으로 얻어 낸 전리품이라는 주장이었지요.

그러나 수자기 반환 문제에 대한 토마스 교수의 신념은 확고했어요. 토마스 교수는 해군 사관 학교 측에서 주장하는 '희생에 따른 전리품'이라는 주장은 이치에 맞지 않다고 생각했죠. 신미양요 당시 미국은 조선에 선전 포고를 하지 않은 상태에서 국경 안에 들어왔던 것이니 불법 침입이었다고 규정했어요. 따라서 그는 수자기 역시 불법 획득물이라고 보았던 거예요. 이러한 이유로 마땅히 한국에 돌려주어야 한다고 생각했어요.

토마스 교수가 미국 해군 사관 학교 박물관에서 수자기를 처음 봤던 것은 1999년이었어요. 당시 수자기는 박물관에 제대로 전시되어 있지도 않았어요. 돌돌 말려진 채 전시장에 놓여 있었지요. 박물관 측은 수자기가 워낙 커서 펼쳐서 전시하기가 마땅치 않았다고 설명했지만, 희생으로 얻어 낸 전리품이라고 내세울 만큼의 대접도 하고 있지 않았던 거예요. 토마스 교수는 그곳에서 수자기를 처음 봤을 당시를 떠올리며 이런 이야기를 하기도 했어요.

"제가 해군 사관 학교에서 수자기를 봤을 때, 그것은 돌돌 말려진 채 전시장에 놓여 있었어요. 마치 깃발 자체가 전쟁 포로 같아 보여서 슬픈 마음이 들었어요."

이후에도 토마스 교수는 학생들과 함께 수자기 반환 운동에 적극적으로 참여해요. 그는 자신의 국적과 상관없이 무엇이 올바른 일인지에 대한 판단과 신념으로 행동했던 거예요.

수자기 환수를 진행한
문화재청의 노력

2007년 3월, 문화재청에서도 수자기를 돌려받기 위해 미국 해군 사관 학교에 조심스레 이야기를 꺼내 보기로 했어요. 혹시라도 상대에게 직접 반환을 요구했다가 아예 거절당할 수도 있기 때문이죠. 그래서 협상에 앞서 전략을 짤 필요가 있었어요. 문화재청에서는 미국 해군 사관 학교 박물관에 수자기를 돌려받을 방법에 대해 조언을 구하고 싶다는 내용으로 연락을 했어요. 한 달 후 박물관에서 답장이 왔어요.

> 한국 측의 입장은 잘 들었습니다. 그러나 수자기를 돌려주는 문제는 미국 법으로는 불가능합니다. 우리 미 해군은 지난 역사적 전투 가운데 다른 나라로부터 250여 점의 깃발을 획득하였으며, 신미양요 당시의 어재연 수자기 역시 그중 하나인 것입니다. 미국인들 입장에서는 승리한 역사의 일부라고 할 수 있습니다.

결국 돌려줄 수 없다는 입장을 다시 반복한 셈이었어요. 그러나 박물관장은 수자기를 조사하는 것 정도는 도와줄 수 있다고 덧붙여 왔어요. 미국 측의 반환 거부 의사를 다시 확인한 만큼 문화재청도 다시 대안을 세워야 했어요. 우선은 수자기를 조사하는 일에 협조하겠다고 언급한 부분에 주목했어요. 반환을 요청해도 받아들이지 않을 것 같으니 빌려 오자는 의견도 나왔어요. 장기 대여를 제안한 다음, 기한이 다 되면 연장하자는 의견이었지요.

그리하여 문화재청은 같은 해 4월, 해군 사관 학교 박물관을 직접 방문하여 수자기의 상태를 살펴보고 장기 대여를 할 수 있을지 물었어요. 이어 해군 사관 학교 박물관은 10년 동안 대여를 허락한다는 답변을 주었어요.

136년 만에 고국으로 돌아온 수자기

2007년 10월, 워싱턴 공항을 출발한 비행기가 인천 공항에 도착했어요. 비행기 안에는 바로 어재연의 수자기가 실려 있었어요. 1871년 신미양요 때 미국으로 건너간 수자기가 136년 만에 고국 땅으로 돌아오게 된 거예요.

이후 수자기는 국립 고궁 박물관에서 첫선을 보여요. 이때 우리나라 해군 간부들은 수자기 앞에 서서 거수경례를 하여 예의를 표하기도 했지요. 140여 년 전, 신미양요 때 미군에 맞서 싸웠던 우리 병사에 대한 존경과 애도의 표시였어요.

우리가 미국 해군 사관 학교 박물관에 10년을 대여하기로 약속한 시점은 2007년이에요. 그렇다면 10년이 지난 지금, 수자기는 어디에 있을까요? 다행히도 대여 만료 시점인 2017년에 다시 연장을 진행할 수 있었어요. 그래서 지금은 강화 박물관 수장고에서 잘 보관하고 있답니다. 관람객은 강화 박물관 전시실에서 수자기 복제본을 감상할 수 있어요.

　복제본은 커다란 수자기의 모습을 담아 그대로 제작되었지요. 크기는 가로와 세로 각각 4미터가 넘는다고 해요. 교실에 있는 칠판을 두 개는 붙여야 할 정도의 크기예요. 얼마나 큰지 머릿속으로 그려지나요? 실제

전시실에 가서 보면 사진과는 사뭇 다른 감동을 느낄 수 있을 거예요.

　미국인 토마스 교수와 문화재청의 노력으로 149년 만에 돌아온 수자기를 보며, 우리는 1871년 신미양요 전투 당시 강화도 광성보에 휘날리던 수자기를 상상해 볼 수 있어요. 어렵사리 되찾아 온 수자기는 어재연 장군과 신미양요 희생자들에게 큰 선물이 되지 않을까 하는 생각을 해 봅니다.

9
우리 문화재를 무상으로 돌려주다

독일 로텐바움 박물관과 오틸리엔 수도원: 조선 시대 문인상과 면피갑

독일의 박물관에서 열린 행사

"우리 박물관은 한국에 귀중한 유물을 돌려주게 되어 기쁘게 생각합니다."

2019년 3월, 독일 함부르크에 위치한 로텐바움 세계 문화 예술 박물관에서 특별한 행사가 열렸어요. 행사 내용은 독일 로텐바움 박물관에서 보관하던 문화재를 우리나라에 반환하는 것이었어요. 그 자리를 취재

하던 우리나라 기자가 질문을 던졌어요.

"독일의 로텐바움 박물관에 보관 중인 유물을 한국에 돌려보내기로 하셨는데요. 그 과정에서 고민은 없으셨습니까?"

박물관 관장 바바라 플랑켄슈타이너는 답했어요.

"불법으로 우리 박물관이 소장한 물품이나 작품을 본국으로 돌려보내는 것은 우리 의무라고 생각합니다."

독일에서 우리나라로 돌아온 이 유물은 무엇일까요. 독일의 박물관은 어떤 과정을 거쳐 유물을 돌려주기로 결정을 내렸던 걸까요.

로텐바움 박물관 스스로 불법 여부를 조사하고 반환하다

2016년, 독일 로텐바움 박물관에서 전시 책임을 맡은 수전 크뇌델은 눈앞에 놓인 유물 하나를 두고 곰곰이 생각에 잠겼어요.

'이것은 조선 시대 석물인데, 어쩌다 독일까지 오게 되었을까?'

큐레이터인 수전 앞에 놓인 유물은 조선 시대에 돌로 만든 문인상 한 쌍이었어요. 어린아이 키만 한 크기로 머리에는 복건을 쓰고 손에는 왕의 지시 사항을 적은 홀을 들고 있었지요. 문인상은 조상의 무덤을 지키라는 의미에서 후손이 세우는 것이랍니다. 일반적인 장식물이 아닌데, 이러한 유물이 거래되어서 독일까지 와 있다는 것은 상식적으로 좀 이해하기 힘든 일이었지요.

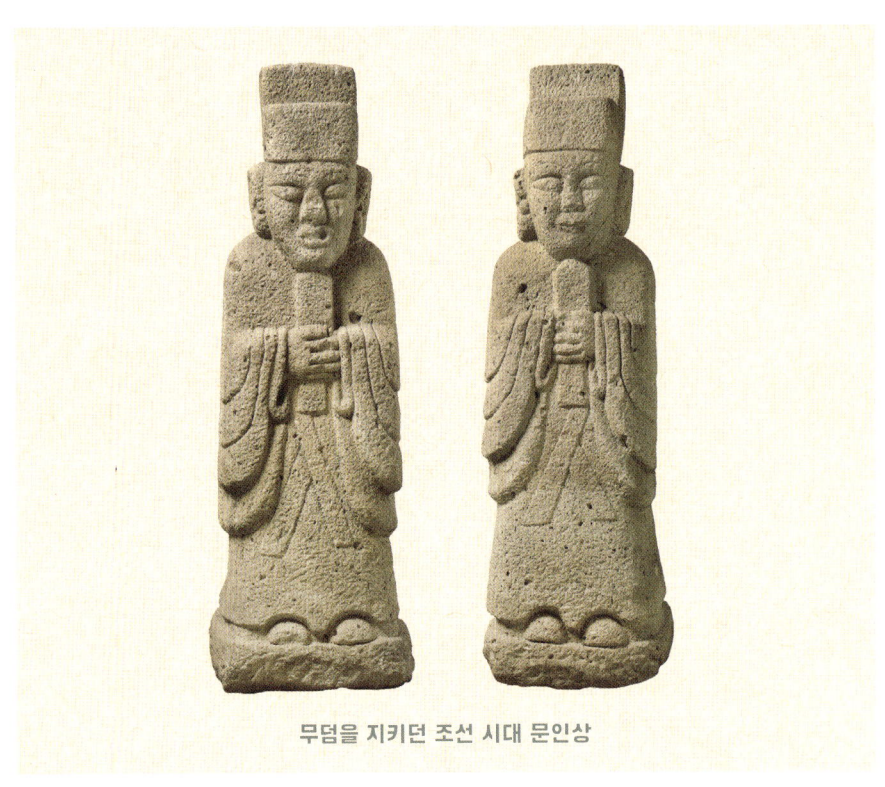

무덤을 지키던 조선 시대 문인상

 마침 이 시기에는 우리나라 국립 문화재 연구소가 해외에 흩어져 있는 유물을 조사하고 있었어요. 이 박물관에 소장된 한국 유물 2,711점에 대해서도 조사하고 있었지요. 이 사실을 알고 있던 독일 로텐바움 박물관은 문인상 한 쌍에 대해 조사해 달라고 국립 문화재 연구소에 먼저 의뢰를 했어요.

 "우리 박물관에 조선 시대 문인석 한 쌍이 있어요. 1987년 한 독일인에게 구입한 유물이랍니다. 그런데 이러한 석물은 한국인들이 조상의 무덤을 지키라는 의미에서 세워 두는 것이라고 들었어요. 그런 의미라면 어떤 후손도 쉽게 팔지는 않을 거라 생각해요. 한번 살펴봐 주겠습니까?"

국립 문화재 연구소 역시 이런 유물이 독일 박물관에 있는 것은 일반적이지 않다고 판단해서 의뢰를 받아들였어요. 로텐바움 박물관에서도 자체적으로 문인석이 한국에서 반출되는 과정을 조사했는데, 이 과정에서 새로운 사실을 알아내요.

이 문인석은 어떤 이유에서인지 서울 인사동 골동품 가게에 있었다고 해요. 그리고 1983년 한국을 방문한 한 독일인이 골동품 가게에서 구입하여 독일로 가지고 갔어요. 물론 이런 물건은 골동품 가게에서 구입했다고 해도 해외로 나가기 전에 문화재 감정관실의 조사와 허가가 필요해요. 그러나 그런 과정 없이 이사용 컨테이너에 숨겨 몰래 반출한 걸 알게 됐어요. 로텐바움 박물관이 1987년에 문인석을 구매할 때에는 자세한 정황을 몰랐던 거예요.

이러한 상황이 밝혀진 만큼, 이번에는 국외 소재 문화재 재단이 나서서 독일 로텐바움 박물관과 긴밀히 대화를 이어 나갔어요. 국외 소재 문

독일 로텐바움 세계 문화 예술 박물관

화재 재단은 해외에 있는 우리 문화재를 조사하고 관리하면서 국내로 환수하는 사업을 하는 단체예요. 2018년 3월, 재단은 로텐바움 박물관을 상대로 반환 신청서를 제출했어요. 이에 박물관은 함부르크 주 정부와 독일 연방 정부와 함께 반환 절차를 진행하여 최종적으로 반환 의사를 전했지요. 그리고 2019년 3월, 조선 시대 문인석은 30여 년 만에 고국으로 돌아올 수 있었어요.

반환을 기념하는 자리에서 로텐바움 박물관은 불법으로 거래되는 문화재는 반드시 본국으로 돌아가야 한다는 입장을 밝히기도 했어요. 소장하던 박물관이 먼저 불법 거래된 것이 아닌지 의심하고 조사하는 경우도 드물지만, 자진해서 반환을 결정하고 진행하는 건 정말 보기 드문 사례예요. 로텐바움 박물관이 아주 의미 있는 일을 해낸 것이랍니다.

유물을 기증한
독일 오틸리엔 수도원 박물관

독일에서 이와 비슷한 사례가 또 있었어요. 불법 거래된 문화재가 아님에도 자진해서 기증한 곳이라 더욱 주목을 받았어요. 바로 독일 오틸리엔 수도원 박물관이에요.

독일 오틸리엔 수도원 박물관에는 우리나라 유물이 꽤 많아요. 우리나라 사람들이 입고 사용했던 옷이나 도자기, 공예품 등 생활용품이 무려 1,700점이나 남아 있어요. 박물관 안에 별도로 따로 마련되어 있을 정도예요.

그 이유는 100여 년 전, 이곳 성당에서 우리나라에 선교사를 파견했기 때문이에요. 오틸리엔 수도원은 1909년에 지금의 혜화동 가톨릭 대학교 자리에 상트 베네딕도 수도원을 설립해요. 그리고 이곳에 파견된 선교사들은 돌아갈 때 조선의 생활용품들을 수집해서 가져가요. 다음에 파견될 독일 선교사에게 조선이라는 나라에 대해 알려 주는 교육 목적으로 가지고 갔다고 해요.

국외 소재 문화재 재단은 독일 오틸리엔 수도원 박물관의 유물도 조사했어요. 그 과정에서 면피갑 한 벌을 보게 돼요. 면피갑이란 면직물을 두껍게 해서 만든 갑옷이에요. 이 갑옷이 어떻게 독일까지 갔는지 기록으로 남아 있지 않지만, 100여 년 전 조선에 파견되었던 신부들이 가지고 왔을 거라고 추정해 볼 수 있어요.

이 면피갑은 조선 후기에 제작되어 보병들이 입던 갑옷으로 추정하고 있어요. 겉은 면직물로 되어 있으며, 안쪽은 옻칠한 가죽 세 겹으로 만든 갑찰이 있었어요. 안에는 이 갑옷의 주인 이름으로 보이는 글자도 남아 있어요.

재단에서 오틸리엔 수도원 박물관에 있는 면피갑을 처음 봤을 당시, 안과 밖이 뒤집힌 채로 전시되어 있었어요. 우선 재단에서는 수도원 박물관에 면피갑을 보존 처리하면 좋겠다는 이야기를 전달해요. 보존 처리란 훼손된 문화재를 원래 모습으로 되살리는 작업이에요. 그러자 수도원 측은 뜻밖의 답을 줘요. 우리나라에 갑옷을 기증하겠다는 의사를 밝힌 거예요.

오틸리엔 수도원에 전시됐던 면피갑 앞모습과 뒷모습

"저희가 이 유물을 기증을 해서 조선 시대 갑옷에 대한 분석과 연구가 깊이 있게 진행될 수 있기를 바랍니다."

면피갑은 나라 안과 밖에 있는 것을 모두 합쳐 고작 열 점 정도밖에 남아 있지 않아요. 그래서 기록으로는 확인할 수 있어도 실제로 보기는 쉽지 않아요. 국립 고궁 박물관의 조사에 따르면, 《승정원일기》 기록에서 면피갑의 기능에 대한 설명을 찾아볼 수 있다고 해요. 면피갑은 철갑옷처럼 화살을 완전히 막아 내지는 못하지만 화살이 몸을 뚫고 관통하지 못하게 하는 역할을 했어요. 최소한 화살이 깊이 박혀 치명적인 부상을 입지 않게 하기 위해 입는 갑옷이지요.

조선 시대 갑옷인 면피갑이 독일에서 국내로 돌아온 건 2018년이었어요. 독일 오틸리엔 수도원 박물관장인 테오필 가우스는 보존 처리를 가장 잘할 수 있는 한국에 유물을 돌려주게 되어서 기쁘다고 이야기했어요. 불법으로 가져간 문화재이거나 우리 쪽에서 반환 신청을 한 것이 아님에도 관리를 가장 잘할 수 있는 고국에서 소장하는 게 좋겠다고 판단하여 수도원에서 먼저 기증한 것이지요.

오틸리엔 수도원이 자발적으로 우리 문화재를 반환한 사례는 면피갑이 처음은 아니었어요. 앞서 살펴봤듯이 2005년에 이미 겸재 정선의 화첩을 반환한 바 있었어요. 이때 역시 소장 과정에서 불법이 없었음에도 불구하고 대여 기간을 계속 연장할 수 있는 영구 대여 형식으로 국내에 돌려주었죠.

해외에 있는 문화재를 되찾아 오는 일은 결코 쉬운 작업이 아니에요. 불법으로 유출된 걸 증명하였다고 해도 문화재를 소유한 국가나 단체에서 쉽게 넘겨주지 않는 경우도 많거든요. 혹은 경매를 통해 돈을 주고 사와야 하는 경우도 많아요. 그래서 독일의 두 박물관이 보여 준 사례는 특별하다고 볼 수 있어요. 먼저 고국으로 돌려줄 의사를 밝힌 점과, 아무런 대가와 보상을 바라지 않고 무상으로 돌려준 건 무척이나 의미 있는 일이랍니다.

10
진주 대첩
김시민 장군 문서를
찾고 가져오다

방송 프로젝트와 대국민 모금 운동:
김시민 선무공신교서

2006년,
수상한 과거 시험이 열리다

2006년 여름, 한 초등학교 강당에 100명의 시민이 모여 앉았어요. 그들 앞에는 종이와 붓이 놓여 있었지요. 이 프로그램의 진행자들은 이 상황을 열심히 중계하고 있었어요.

"자, 이곳은 대국민 한마음 과거 시험이 열리는 곳입니다."

"그렇죠. 예선을 통과하신 시민 100분이 이 자리에 함께하고 계십니다."

"여기 계신 분들은 총 아홉 개의 문제를 풀게 됩니다. 그리고 최종 승자가 나오면 상금이 주어집니다."

"예, 이 상금은 한 기업에서 저희의 뜻에 공감하여 기꺼이 후원하겠다고 내놓으셨죠."

그런데 이 과거 시험에는 좀 의아한 규칙들이 있었지요. 문제를 풀고 나서 정답을 맞힌 사람만 남는 것이 아니었어요. 단 한 명이라도 그 문제를 풀었다면 모두가 정답을 맞힌 것으로 처리되었지요. 그러다 보니 자신이 정답을 맞히지 못했다 하더라도 정답을 맞힌 이가 나오면 모두가 환호성을 지르며 함께 기뻐했어요.

결국 참가자 모두가 문제를 함께 풀고 통과한 채 행사는 마무리되었어요. 정답을 맞힐수록 누적된 상금은 무려 천만 원이 넘었죠. 그러나 상금은 우승자에게 수여하지 않았어요. 그것은 무언가를 되찾기 위한 모금

기금으로 사용되었어요. 이 행사는 2006년 MBC 〈위대한 유산〉 프로그램에서 진행한 '대국민 한마음 과거 시험' 프로젝트였어요.

이때 첫 번째로 문제는 다음과 같았어요.

"해외로 유출된 문화재로, 김시민 장군이 진주 대첩에서 이룬 공을 치하하며 선조 임금이 내린 이것은?"

조선 시대 진주 대첩에서 공을 세운 김시민 장군에게 나라에서 내린 문서가 무엇인지를 묻는 질문이었죠. 사실 〈위대한 유산〉 방송팀은 이 문제의 정답인 문화재를 되찾아 오기 위해 대국민 프로젝트를 진행했던 거예요. 이 문화재를 되찾아 오려면 이를 사들일 돈이 필요했는데 그 사실을 알고 방송사에서는 비용을 마련하기 위해 프로그램을 짰지요. 그리고 방송사 뜻에 동감하여 한 기업이 과거 시험 대회 상금으로 기부금을 낸 것이었어요.

그럼 선조 임금이 김시민 장군에게 내렸다는 이 문서는 무엇이었을까요. 문화재를 되찾아 오려고 했던 이 프로젝트는 과연 성공할 수 있었을까요.

일본의 골동품 경매 도록에서 발견한 임진왜란 관련 문서

"이 경매 도록에 있는 문서 좀 살펴봐 주세요. 조선 시대 문서 같지 않습니까?"

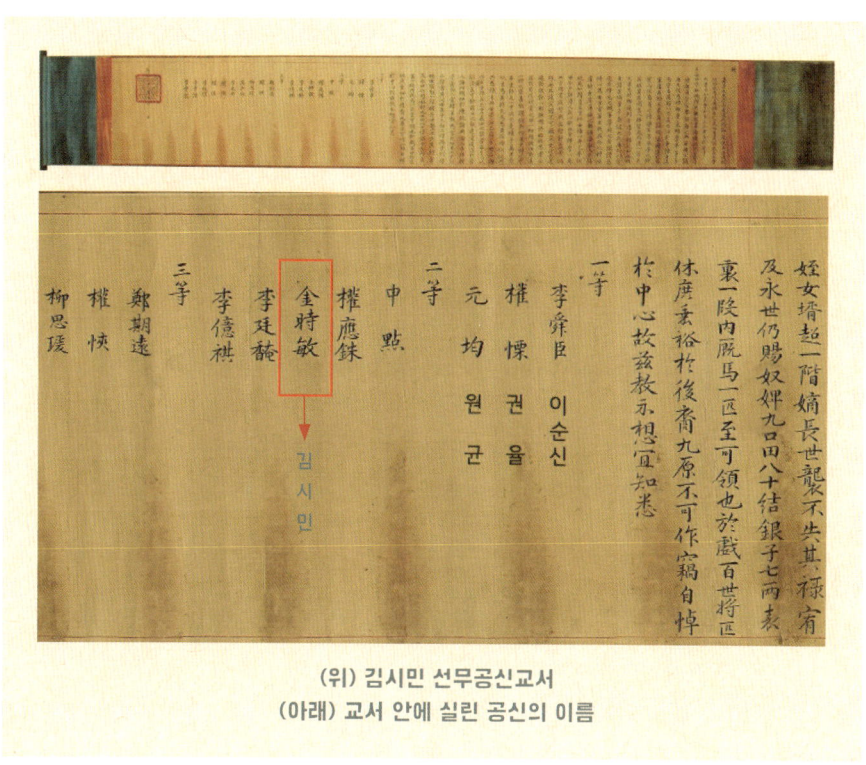

(위) 김시민 선무공신교서
(아래) 교서 안에 실린 공신의 이름

　재일 교포 2세인 교토 대학교 김문경 교수는 어느 날 일본에서 골동품을 사고팔기 위한 경매 책자에 눈에 띄는 물건 하나를 보았어요. 그래서 객원 교수로 와 있던 한국학 중앙 연구원의 안승준 위원에게 책자를 보여 주었어요.

　두 사람은 경매 책자에 있는 유물이 예사롭지 않다고 생각했어요. 그리고 곧 그 유물은 진주 대첩에 큰 공을 세운 김시민 장군에게 선조가 내린 공신교서라는 걸 알게 돼요. 공신교서란 왕실이나 국가에 큰 공을 세운 신하인 '공신'을 책봉할 때 왕이 내려 보내는 문서를 의미해요.

　임진왜란이 끝난 뒤에 선조는 전쟁에서 큰 공을 세운 이들에게 교서를 내려요. 김시민 장군뿐 아니라 우리가 잘 아는 이순신, 권율, 원균 장군을 포함하여 모두 열여덟 명에게 내리지요.

진주 대첩을 승리로 이끈 김시민 장군

1592년에 일어난 임진왜란에 우리 군이 크게 승리한 3대 대첩을 알고 있나요? 이순신 장군의 '한산도 대첩'과 권율 장군의 '행주 대첩'은 한번쯤 들어 봤을 거예요. 또 하나의 대첩이 바로 '진주 대첩'이랍니다.

김시민 장군은 임진왜란이 일어나기 한 해 전에 진주 판관으로 임명돼요. 이듬해인 1592년 왜군이 쳐들어오자 그는 진주 목사 이경과 함께 지리산으로 피신하지요. 그러다 진주 목사가 병으로 사망하자 김시민 장군이 그 역할을 대신 맡게 되었죠. 그는 우선 진주 백성들을 안심시키며 진주성을 수리하고 군사 체제를 정비하기 시작했어요.

그러던 가운데 왜군이 진주 앞까지 다다랐다는 소식을 듣고 김시민은 본격적으로 전투를 준비해요. 김시민은 의병장 곽재우 등과 합세하여 적을 격파하고 고성과 창원 등지의 성을 되찾아요. 이러한 공로를 인정받아 김시민 장군은 진주 목사로 승진하지요. 목사란 조선 시대 지방을 다스리던 관리예요.

진주는 경상도에서 전라도로 가는 길목이라 지리적으로 무척 중요한 지역이었어요. 곡창 지대라고 불리던 전라도에 있는 식량을 가로채고자 했던 왜적은 진주를 차지하고 싶어 했어요. 결국 1592년 10월 왜군은 진주까지 쳐들어와요. 진주 목사 김시민은 적은 수로 많은 왜군들을 물리칠 방법을 생각해 냈어요. 진주성 안에 있던 노약자와 부녀자까지 병사로 변장을 시킨 거예요. 적들에게 군사의 수가 많은 것처럼 보이게 위장한 것이었죠.

왜군은 물밀듯이 밀려오기 시작했어요. 성벽에 사다리를 걸쳐서 기어오르거나 성 아래로 땅굴을 파서 진격해 왔어요. 진주성 안에 있는 병사와 백성들은 끓는 물을 성 아래로 퍼부으며 격렬하게 저항했어요. 왜적이 뚫고 나오는 땅굴 안으로는 불을 붙인 짚을 던지기도 했지요. 진주 목사 김시민의 지휘 아래 진주성의 병사와 백성 들은 성을 지켜 내며 승리를 거뒀어요. 기세등등하던 왜군은 진주성 전투에서 엄청난 피해를 볼 수밖에 없었지요.

그러나 왜적을 물리친 마지막 날, 김시민 장군은 성안을 순찰하던 중에 이마에 총탄을 맞아 쓰러져요. 안타깝게도 서른아홉 살에 세상을 떠나요.

진주 대첩은 병사뿐 아니라 진주 지역 백성들까지 모두 단결하여 맞선 전투였어요. 임진왜란이 시작된 뒤로, 육지에서 왜군에게 계속 패하며 사기가 떨어져 있는 백성들에게 희망을 주기도 한 전투였지요. 이에 선조는 다음과 같은 내용으로 김시민 장군의 공을 치하해요.

오랑캐가 허술한 틈을 타서 진주성을 공격해 온다는 보고를 듣고 급히 달려 본진으로 달려 들어오니, 밤낮을 잊고 싸움을 독려하고 지모와 계략을 넘어 더욱 기묘하였으며, 약한 군사로써 오히려 강한 적을 제압하였도다.

'김시민 선무공신교서'에는 이러한 내용이 함께 담겨 있어요. 그런 의미 있는 문화재가 400여 년이 지난 지금, 일본 골동품 경매 도록에 등장했던 거예요.

일제 강점기에
일본으로 넘어간 교서

교서를 처음에는 김시민 장군의 후손들이 보관하고 있었어요. 그러다가 일제 강점기에 교토 대학교 교수였던 미우라 히로유키의 손에 들어가면서 일본으로 건너가요. 미우라 교수가 사망한 이후, 그의 후손들이 교서를 소장해 오다가 2000년대 초반에 일본의 경매 시장에 내놓았어요. 이후 고서점을 운영하는 한 일본인이 이 교서를 구입했고, 그가 또다시 경매에 내놓으면서 2006년 경매 책자 속에 사진이 실린 거예요.

마침 김문경 교수와 안승준 위원이 그 경매 책자를 발견하면서, 김시민 선무공신교서가 일본에 있었다는 사실이 알려졌으나 미우라 히로유키 교수가 불법으로 가져갔는지는 확인할 수 없었어요. 그래서 정식으로 문화재 반환 신청을 할 수 없었지요.

시민들의 힘으로 되돌아온 김시민 선무공신교서

이 교서를 제일 먼저 발견한 김문경 교수는 머릿속에 한 방송 프로그램을 떠올렸어요. 바로 앞서 살펴본 MBC 〈위대한 유산〉 프로그램이었죠. 김문경 교수가 방송국에 도움을 구해 '김시민 신무공신교서 찾기 프로젝트'가 시작된 거예요. 이 방송에서 모금 운동을 벌여 무려 1억 원이 넘는 돈을 모을 수 있었고, 2006년에는 일본 경매에서 교서를 구입하여

되찾아 올 수 있었어요.

　김시민 선무공신교서는 문화재로서 가치도 높이 평가받고 있어요. 임진왜란 이후 선조 임금이 공신들에게 내린 교서는 모두 열여덟 점이었어요. 그중에 현재 남아 있는 것은 이순신, 원균, 김시민의 교서 등을 포함한 단 여섯 점에 불과해요. 게다가 그 교서들 중 김시민 선무공신교서의 보존 상태가 가장 좋답니다.

　더구나 국민들의 모금 운동을 통해 문화재를 되찾아 오는 과정은 그동안의 문화재 환수 방식과는 다른 의미 있는 작업이었어요. 이런 과정은 군인과 일반 백성들이 힘을 모아 왜군에 저항했던 진주 대첩을 떠올리게 하네요.

11
임진왜란 정문부 장군의 비석을 찾아오다

불교계 민간단체 외 여러 단체와 정부 기관:
북관 대첩비

러일 전쟁 때 약탈된
조선 시대 비석

일본군은 1905년 러시아와 전쟁을 치르러 한반도를 지나 북쪽으로 진격하고 있었어요. 그러다 함경도 길주군 임명에서 오래된 비석 하나를 발견합니다.

"소장님, 여기 비석이 하나 있습니다. 제법 오래된 것으로 보입니다."

"무엇이라 쓰여 있는가."

"여기에 '조선국 함경도 임진 의병 대첩비'라고 새겨져 있습니다."

일본군 이케다 마사스케 소장은 이것이 1592년 임진왜란 당시 조선 의병에게 일본군이 패전한 내용을 담은 비석이라는 걸 알게 됐어요.

"이건 우리 일본군에게 수치스러운 패배의 기록 아닌가. 이 비석은 제거하는 게 좋겠다."

이케다 마사스케 소장은 비석을 훼손하지 못하게 막아서는 마을 주민들을 위협하며 비석을 뽑아 버려요. 이후 일본으로 돌아가는 미요시 중장에게 약탈한 비석을 바쳤죠. 1905년 10월, 비석은 그렇게 일본으로 건너가지요.

그로부터 70여 년이 지난 1978년의 어느 날이었어요. 도쿄 한국 연구원에서 활동하는 재일 사학자 최서면 원장은 일본 도쿄의 야스쿠니 신사에 들어섰어요.

"자, 여기 어딘가에 조선 시대 비석이 있단 말이지?"

최서면 원장은 한참을 헤매다가 신사 구석진 곳에서 큰 돌덩이가 얹혀 있는 비석 하나를 발견합니다. 최서면 원장이 찾아낸 비석은 1905년 러일 전쟁 중에 일본이 약탈하여 옮겨 놓은 비석이었지요.

최서면 원장이 이 비석을 알게 된 것은 《대한 흥학보》라는 잡지를 통해서였어요. 《대한 흥학보》는 1909년 일본에 유학 와 있던 우리나라 학생들이 발행한 잡지예요. 그 잡지에는 야스쿠니 신사에 방치되어 있는 조선 시대 비석에 관한 이야기가 담겨 있었어요.

일제 감정기에 일본 유학생 조소앙은 야스쿠니 신사에서 우연히 발견한 비석 하나가 조국에서 온 유물이라는 걸 알게 됐어요. 조소앙은 곧바로 조선 시대 비석을 이곳에 옮겨 놓은 일본에 대한 비판의 글을 썼어요. 그 글이 《대한 흥학보》에 실린 거지요.

일본이 북관 대첩비를 가져간 뒤 비각만 남아 있는 모습(1911년)

한편 일제 강점기에 야스쿠니 신사를 방문했던 유학생이 또 있었던 모양이에요. 1926년에 발간한 《동아일보》에는 이생이라는 인물이 비석과 관련해 쓴 글이 남아 있어요. 이생 역시 야스쿠니 신사에 놓여 있던 비석의 내용을 보고, 원래 한반도에 있던 비석임을 알게 됐지요. 이생은 곧 일본이 몰래 비석을 가져왔을 거라고 추측하며, 우리 유물이 일본 땅에 방치되어 있다는 사실을 기억하자고 호소했지요.

또한 이생은 비석 옆에 세워 둔 설명문을 지적하기도 했어요. 당시 일본인들은 설명문을 이런 내용으로 써 두었어요.

이 비석에는 일본과 조선이 전쟁하는 가운데 조선인들이 크게 승리했다고 적혀 있지만, 이는 사실과 다르니 일본 사람들은 믿지 말라.

하지만 이생은 우리 선조들이 거짓으로 전쟁 성과를 부풀린 적이 없으니, 이 설명문은 사실이 아닐 거라는 원고를 신문사에 써서 보낸 거예요.

과연 조선 시대 제작되었다던 이 비석은 무엇이었을까요. 대체 어떤 내용을 담고 있었기에 일본 측은 이 내용을 믿지 말라는 설명문까지 붙여 뒀던 걸까요.

이야기 속 비석의 이름은 '북관 대첩비'예요. '북관'은 함경도를 뜻하고, '북관 대첩비'란 함경도에서 큰 승리를 거둔 전투를 기념하기 위해 세운 비석을 말하죠. 정식 명칭은 '조선국 함경도 임진 의병 대첩비'예요.

비석에는 임진왜란 당시 조선 의병들이 함경도 지역에서 가토 기요마사가 지휘하는 왜군과 싸워 크게 승리한 사실이 새겨져 있어요. 정문부

가 이끄는 의병은 왜군의 장수를 죽이며 왜군의 말과 무기들을 모조리 빼앗았어요. 그러자 이 소식에 힘을 얻어 다른 곳에서도 의병이 일어났어요. 그 숫자가 무려 7천여 명이나 되었고, 이들은 가토 부대에 용맹하게 맞서 싸웁니다.

북관 대첩비에는 이러한 정황들이 상세히 기록되어 있었어요. 특히 임진왜란 당시 왜군이 북으로 진격했던 경로, 함경도에서 의병을 모집한 과정이나 활약상 등이 상세히 기록되어 있어 임진왜란과 의병 활동 연구에도 중요한 자료 중 하나예요. 역사적으로 중요한 기록을 담고 있는 북관 대첩비가 러일 전쟁 때문에 함경도에 와 있던 일본군에게 강탈되었던 거예요.

북관 대첩비 반환에 닥친 고비

1978년 최서면 원장이 북관 대첩비를 발견한 장소는 바로 야스쿠니 신사였어요. '야스쿠니 신사'라는 이름은 어쩐지 익숙하지 않나요. 뉴스에서 한번쯤 들어 본 적이 있을 거예요. 일본 총리나 정치인들이 이곳을 참배할 때마다 세계 각국의 비판이 쏟아지곤 하잖아요.

그 이유는 야스쿠니 신사가 일본 군국주의를 상징하는 공간이기 때문이에요. 야스쿠니 신사는 일본이 벌인 주요 전쟁에서 숨진 240만여 명을 신처럼 모시며 제사 지내는 곳이에요. 태평양 전쟁을 일으켰다가 재판을 통해 사형된 전쟁 범죄자까지도 이곳에 함께 묻혀 있어요. 북관 대첩비가 이런 곳에서 발견되었다는 사실은 우리나라로서는 더욱 당황스러운 일이었어요.

북관 대첩비는 발견되었을 당시 상태가 그리 좋지 않았어요. 글자가 새겨진 비석 위로 큼직한 돌덩이가 머리처럼 붙여 있었죠. 일본으로 건너간 뒤 원래 짝도 아닌 것이 붙어 야스쿠니 신사 구석에 방치되어 있던 거예요. 게다가 커다란 돌을 시멘트로 붙인 탓에 이미 부식이 일어나고 있었어요. 접착제로 사용한 시멘트가 비석 사이에 파고들어 글씨를 훼손하고 있었거든요. 하루빨리 돌을 떼어 내고 비문(비석에 새긴 글)을 정리해야 했어요.

야스쿠니 신사에 방치되어 있던 북관 대첩비

그러나 무엇보다 더 큰 문제는 비석 반환 문제를 둘러싼 일본 정부와 야스쿠니 신사 측의 반응이었어요. 1978년에 최서면 원장이 북관 대첩비를 발견한 이후 우리 정부는 일본에 반환을 요구했어요. 그러나 일본은 "북관 대첩비는 야스쿠니 신사가 사적으로 소유한 물건입니다. 일본 정부가 관여하는 것은 좀 곤란합니다."라며 소극적인 태도를 보여요. 하지만 북관 대첩비는 명백히 1905년 러일 전쟁 당시에 일본군이 강탈

했던 문화재였어요. 불법으로 취득한 문화재이니만큼 일본 정부에서도 양심적인 태도를 보여야 했음에도 회피한 거예요.

그래서 이번에는 야스쿠니 신사에 직접 반환을 요청했어요. 그러자 야스쿠니 신사는 또 다른 입장을 내놓으며 회피했어요.

> 북관 대첩비가 원래 있던 곳이 오늘날 북한 땅인데, 한국에 돌려주는 것은 어렵습니다. 이 비석은 남북이 하나일 때 가져왔으니 남북이 통일되면 돌려주겠습니다.

일본 정부와 야스쿠니 신사는 여러 이유를 대며 반환하기 어렵다는 이야기를 반복하지요. 답답한 상황에서 민간단체를 중심으로 물밑 작업을 진행하기 시작해요.

북관 대첩비 환수를 위한 대규모 프로젝트

2004년, 북관 대첩비 환수 문제를 두고 여러 정부 기관이 뭉쳤어요. 여기에는 외교 통상부, 통일부, 국가 정보원, 문화재청이 참여했어요.

"일본 야스쿠니 신사 측은 우리 정부와 북한이 서로 협의해서, 외교 경로를 통해 요청해 오면 그때 반환하겠다고 합니다."

"저희 통일부에서는 남북 장관급 회담 때, 북관 대첩비 반환 문제를 논의하자고 북측에 요청했어요."

"그런데 북한 정부는 이번 문제를 국가 간의 대화보다는 민간 차원 교류로 해결하기를 원하는 것 같아요. 지금 한국, 북한, 일본의 민간단체가 추진하고 있는 북관 대첩비 환수 작업을 측면에서 지원하는 것이 필요할 것 같습니다."

북관 대첩비는 오늘날 북한 땅인 함경도에 있던 문화재라 제자리를 찾기까지 제약이 있었어요. 그러다 보니 문화재를 담당하는 문화재청, 일본과 협상하는 외교 통상부뿐 아니라, 평소 문화재와 관련 없어 보이는 기관인 국가 정보원과 통일부까지 한자리에 앉아 문제를 풀어 가야 했죠. 그야말로 정부 기관의 초특급 합작 프로젝트였던 거예요.

한편 정부뿐 아니라 민간단체들도 함께 움직이고 있었어요. 한국 호국 선양회, 북관 대첩비 환수 추진위, 한일 문화재 교류 위원회, 정문부 장군의 후손인 해주 정씨 문중 등이 북관 대첩비 반환을 위해 노력해 왔죠.

특히 한일 불교 복지 협의회 일본 대표 가키누마 센신 스님과 우리나라 초산 스님은 북관 대첩비 반환을 위해 적극 손을 잡았어요. 일본 가키누마 스님은 일본에 묻혀 있던 조선인들의 귀 무덤을 우리 땅으로 옮기는 데 앞장선 분이기도 해요. 임진왜란 때 왜군은 수많은 사람을 죽인 것을 과시한다며 조선 사람들의 귀와 코를 베어 간 뒤 일본 땅에 묻었는데, 이것이 귀 무덤이에요. 또한 이 스님은 안중근 의사의 유품을 한국으로 돌려보내는 데도 힘써 왔죠.

결국 2005년 한일 불교 복지 협의회는 북측의 조선 불교도 연맹과 힘을 모으기로 했어요. 남북 합의서를 작성해 '북관 대첩비는 한국을 거쳐서 들여오되, 원래 세워져 있던 북한 땅에 복원할 것'이라는 내용에 합의했어요.

이제 남은 것은 야스쿠니 신사에서 북관 대첩비를 옮겨 오는 일이었어요. 길고 험난한 과정을 거쳐 2005년에서야 야스쿠니 신사 측에 북관 대첩비 반환 합의서 서명을 받아 냈어요.

서울과 개성을 거쳐
함경북도로 돌아간 북관 대첩비

"천지신명과 정문부 장군께 아뢰옵니다. 숙종 34년인 1708년에 세워진 북관 대첩비를 드디어 일본에서 가져와 이곳에 두었습니다. 앞으로 원래 있던 함경도로 돌아갈 때까지 무사히 남은 일정을 마칠 수 있기를 기도 드립니다."

2005년 가을, 국립 중앙 박물관 앞마당에서는 고유제가 열렸어요. 고유제란 중대한 일을 치를 때 그 내용을 적어서 신에게 알리는 일로, 북관 대첩비가 고국으로 돌아왔음을 알리는 일종의 제사였어요. 2005년은 북관 대첩비가 일본에 강탈된 지 정확히 100년이 되는 해였어요. 게다가 광복 60주년이기도 했지요.

이로부터 몇 달 뒤 2006년 3월 1일에는 북한 개성에서도 행사를 진행했어요. 북관 대첩비가 원래 놓여 있었던 함경도로 돌아가기 위한 행사였어요. 이어 북관 대첩비는 함경북도 김책시 임명리에 다시 세워졌어요. 북관 대첩비 입장에서는 아주 긴 여행이었을 거예요.

북관 대첩비는 북한 함경도로 돌아갔지만, 우리나라에도 크기와 모양이 똑같은 복제비를 만들어서 전시해 두었어요. 국립 고궁 박물관이나 천안 독립 기념관, 정문부 장군 묘역에서도 실제 모습과 같은 북관 대첩비를 감상할 수 있지요.

불교계 민간단체가 중심이 되어 일본 단체와 환수 작업을 진행한 북관 대첩비의 경우는, 정부 주도가 아닌 민간 차원에서 이루어진 좋은 예라고 할 수 있지요. 또한 우리 정부가 북한 측에 북관 대첩비를 인양할 것

북한 함경북도로 돌아간
북관 대첩비

을 공식 제의하면서, 남한과 북한의 평화 분위기를 상징하는 또 다른 이야기를 만들 수 있었답니다.

12
일본으로 빠져나간 묘지를 찾아오다

국외 소재 문화재 재단: 이선제 묘지

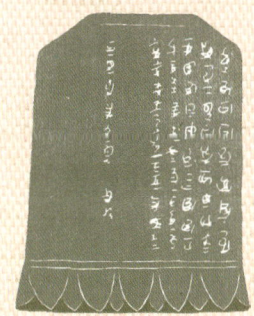

일본으로 반출되어 버린 도자기 한 점

1998년 5월, 김해 공항 문화재 감정관실에 한 남자가 유물 몇 점을 들고 나타났어요. 그는 문화재를 거래하는 골동품상이었어요.

"도자기 몇 점을 구했는데, 국내에는 살 사람이 없고 값도 쳐주지 않소. 일본에서는 도자기를 높게 쳐주니까 일본에 가져가 비싼 값에 살 사람을 찾으려고 하오."

문화재 감정관실에서는 말 그대로 유물을 감정해, 보존 가치가 있는 문화재일 경우 외국으로 가지고 나가는 것을 막아요. 그래서 오래된 물건을 가지고 나가려면 공항이나 항구에 있는 문화재 감정관실에서 반드시 확인 절차를 밟아야 해요.

그곳에 있던 양맹준 감정관은 유물을 이리저리 살펴보았어요. 골동품상이 들고 온 이 도자기는 문화재로 지정된 유물은 아니었어요. 문화재 보호법에 따르면 국가나 시·도에서 지정한 문화재는 해외로 팔아넘기거나 가지고 나가는 것이 금지돼 있거든요.

비록 지정된 문화재도 아니고 도난품으로 신고된 것도 아니었지만, 양맹준 감정관은 이 도자기가 예사로운 물건이 아니라고 판단했어요. 양맹준 감정관은 일단 골동품상이 도자기를 가지고 가지 못하게 막았어요.

"문화재 보호법에 따라 이 물건은 해외로 가지고 나가실 수 없습니다. 여기에 두고 가시고 일본에 다녀온 뒤에 귀국할 때 찾아가십시오."

양맹준 감정관은 남자가 사무실에서 나간 뒤에 본격적으로 이 도자기에 대한 조사를 시작해요. 이후 동료 최춘욱 감정관과 함께 상세한 기록과 실제 그림까지 남겨서 조사서를 작성했지요. 또한 조사 보고서를 각 공항과 항구의 문화재 감정관실에 팩스로 전송했어요. 다른 곳에서 반출하려는 시도를 막아야 했으니까요.

그러나 한 달 후, 양맹준 감정관은 안타까운 소식을 듣게 돼요. 골동품상은 다른 공항을 통해 감정을 거치지 않고 도자기를 여행 가방에 넣어 가지고 나갔던 것이죠. 결국, 이 도자기는 일본으로 반출되고 말아요.

1998년에 일본으로 빠져나간 이 도자기는 어떤 것이었을까요. 과연, 이 도자기는 다시 한국으로 돌아올 수 있었을까요. 감정관들의 노력은 훗날 어떤 결과를 가져오게 될까요.

이선제 묘지의 의미

1998년 한 골동품상이 일본으로 반출한 이 도자기는 흔히 '이선제 묘지'라고 불러요. '묘지'라고 하니 '무덤'을 떠올릴 수도 있겠지만, 여기서 말하는 묘지(墓誌)란 죽은 사람의 일생을 기록한 돌이나 도자기 등을 의미해요. 무덤을 만들면서 앞에 비석을 세우는 것처럼 무덤 안에 넣어 두는 물건 중 하나였지요.

이 묘지에는 이선제라는 이름이 쓰여 있었어요. 이선제는 조선 전기

학자이자 사관 출신 관료였어요. 《조선왕조실록》의 《태종실록》 편찬에 참여했던 인물이기도 해요. 이선제 묘지에는 그가 언제 태어나서 언제 죽었는지, 가족 관계는 어떻게 되는지 등이 상세하게 새겨져 있었죠. 이뿐 아니라 묘지에는 이선제가 과거에 급제한 과정이 자세히 기록되어 있었어요. 한 개인의 무덤에서 발견된 것이지만, 조선 시대 과거 제도를 살펴볼 수 있는 가치 있는 문화재였어요.

또한 이선제 묘지는 미술사적으로도 중요한 의미가 있답니다. 분청사기에다 상감 기법을 이용하여 제작된 도자기이기 때문이에요. '분청사기'란 회색 흙으로 빚은 도자기 표면에 하얀 흙을 칠해서 장식한 도자기를 말해요. 그리고 '상감'이란 문양을 만드는 기법의 하나로, 표면에 무늬를 파고 거기에 다른 색 흙을 채워 넣는 방식을 이야기하죠. 앞서 이야기한 이선제의 생애는 이러한 상감 기법을 이용하여 기록되어 있던 거예요.

특히 묘지에는 제작한 시기가 표시되어 있어 더욱 특별했어요. 여기에는 '경태 5년'이라는 표현이 등장하는데, 이는 조선 시대에 연도를 표기하는 방식으로 1454년을 말해요. 그러니까 이선제 묘지는 1454년에 그가 죽은 것을 기억하며 상감 기법으로 글을 새긴 분청사기인 거죠. 그런데 도자기는 제작 연도까지 기록

조선 전기에 이선제 묘지와 같은 기법으로 제작된 분청사기 상감 물고기 무늬 병

된 경우가 많지 않기 때문에 이선제 묘지를 기준 삼아, 이후에 발견되는 도자기들이 언제 만들어진 것인지를 추측해 볼 수 있었어요. 이처럼 이선제 묘지는 개인에 대한 정보를 넘어 당시 시대상을 보여 주는 매우 의미 있는 유물이었어요.

그러나 안타깝게도 한 골동품상이 이선제 묘지를 일본으로 가지고 가는 걸 공항에서 막지 못했어요. 공항에서 막지 못한 이유는 문화재로 지정돼 있거나 도난 신고가 된 물품이 아니라면 법적으로 압수나 신고를 할 수가 없기 때문이었어요.

대신 양맹준 감정관이 이선제 묘지를 관찰하고 기록해 둔 보고서와 그림으로 묘사한 실측도는 남아 있었죠. 그러나 일본으로 건너갔다는 이선제 묘지가 어디에 있는지는 여전히 오리무중이었어요.

이선제 묘지 앞면과 뒷면

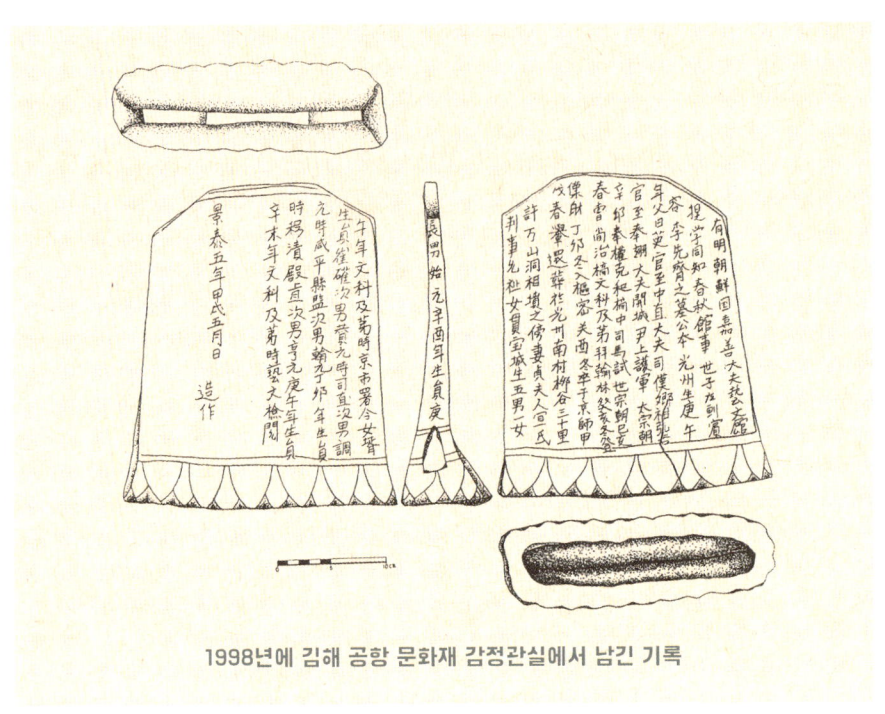

1998년에 김해 공항 문화재 감정관실에서 남긴 기록

2014년 일본 도쿄에서 발견된 이선제 묘지

"이게 전날까지 저희 매장에 전시해 놓았던 물건입니다. 한번 보시겠습니까?"

2014년 10월, 도쿄의 고미술상 와타나베는 조선 시대 분청사기 한 점을 꺼내 놓았어요.

"모양이 아주 독특하네요. 유물 상태도 아주 훌륭합니다. 그런데 이건 묘지 아닙니까? 죽은 사람의 무덤에 넣는 유물인데, 이게 어떻게 유통이 되고 있는 건지 좀 의문스럽네요."

국외 소재 문화재 재단 일본 사무소 직원 김성호 대리는 와타나베가 꺼내 놓은 유물을 찬찬히 살펴보며 말했어요.

"안 그래도 이 유물은 이걸 소장하고 계신 분의 다른 물품들과 함께 아이치현 도자 미술관에서 전시될 예정이었어요. 그런데 죽은 자와 관련한 유물이라고 하여 그쪽 미술관에서 전시를 거절하더군요. 아마도 출처가 의심스럽다고 생각한 것 같습니다. 그래서 현재 저희가 잠시 보관하고 있던 중이었지요."

김성호 대리는 일본에 있는 우리 문화재를 조사하는 일을 담당하고 있었어요. 그는 이 이야기를 국외 소재 문화재 재단 본부에 보고해야겠다고 생각하여, 곧장 사진을 찍었어요.

2014년 11월, 재단 본부에서 근무하는 강임산 팀장은 일본 사무소로부터 사진 한 장을 받았어요. 앞면에는 '조선국 이선제의 묘', 뒷면에는 '경태 5년(1454년) 만들었다'라는 내용이 있어 이 도자기의 주인과 만든 시기를 정확히 알 수 있었어요. 일본 도쿄에서 발견된 조선 시대 분청사기가 바로 이선제 묘지였던 거지요.

강임산 팀장은 조선 시대 인물의 묘지가 일본 고미술 시장에 나와 있는 건 무척 이상하다고 생각했어요. 그래서 무덤에서 도굴된 것이 아닐까 하는 생각이 들었지요. 강임산 팀장은 우선 이선제가 누구인지 이 묘지는 어떤 것인지 조사하기 시작했어요.

자료가 남아 있지 않아 조사에 애를 먹던 어느 날, 1998년 9월 2일자 《조선일보》에 실린 기사 하나를 보았어요.

'김해 공항서 단속 걸리자 서울로 빠져나가'라는 기사 제목 아래에 이선제 묘지가 어떤 것인지, 이것이 어떤 경로로 해외로 유출된 것인지가 상세히 소개되어 있었어요. 1998년 당시 김해 공항의 양맹준 감정관이 남긴 기록 자료와 이선제 묘지를 직접 관찰하고 그린 실측도도 기사에 실려 있었어요.

강임산 팀장은 컴퓨터 화면에서 눈을 뗄 수가 없었어요. 자신이 조사하던 사진 속 유물이 19년 전의 신문 기사 속에 실려 있었던 거예요. 정확하게 확인하기 위해 19년 전에 이 유물을 보고 보고서를 남긴 양맹준 감정관에게 내용을 재차 확인하는 과정도 거쳤어요.

앞으로 해야 할 일은 이제 도쿄에서 개인이 소장하고 있는 이선제 묘지를 돌려받는 것이었지요. 그래서 재단은 소장자의 대리인인 와타나베와 만나기로 해요.

"저희는 이선제 묘지 때문에 한국에서 건너왔어요. 이 묘지가 일본으로 빠져나가는 과정에 문제가 좀 있어요. 이것을 처분할 경우 소장자의 명예가 지켜지기 어려울 수도 있습니다. 저희가 직접 소장자 분과 만나서 이야기를 나눌 수 있도록 해 주십시오."

"사정은 알겠습니다만 현재는 어렵습니다. 다음에 기회가 되면 자리를 주선해 보죠."

와타나베가 적극적인 태도를 보이지 않자 재단 측에서는 다시 이야기를 이어 나갔어요.

"여기 이 묘지가 불법으로 유출된 것이라는 증거가 담긴 자료가 있어요. 한번 살펴보시죠."

재단은 양맹준 감정관의 기록과 당시 신문 기사를 증거 자료로 내밀었어요. 그 기사에는 1998년 애초 김해 공항 감정관실에서 반출을 금지했다는 내용과 함께, 그럼에도 불구하고 한 골동품상이 다른 공항을 통해 몰래 여행 가방에 숨겨서 출국했다는 내용이 있었어요.

"아, 이선제 묘지가 이런 사정이 있었군요. 불법으로 반출된 문화재를 거래하는 일은 일본 고미술상 업계에서도 있을 수 없는 일입니다. 이것은 저희 같은 고미술상에게도 소장자에게도 불명예스러운 일입니다. 소장자를 만나 이 문제를 해결할 수 있도록 하겠어요."

자료를 본 와타나베는 불법으로 유출된 자료라는 증거를 보고는 적극적으로 일을 해결하겠다고 약속했어요. 19년 전에 꼼꼼하게 작성한 자료들이 드디어 빛을 발한 순간이었어요.

이선제 묘지의 소장자를 만나다

2015년 12월 일본 후쿠오카의 한 병원에서 와타나베는 강임산 팀장과 김성호 대리를 도로키 다카시에게 소개했어요. 다카시는 대기업 은퇴 후 고미술품을 수집하던 인물로, 암 투병을 하며 병원에 입원해 있었어요.

강임산 팀장은 이선제 묘지를 소장한 도로키 다카시에게 이 유물이 한국인들에게 어떤 의미가 있는지에 대해 구체적으로 설명했어요.

"한국인들은 전통적으로 조상을 숭배하는 마음이 큽니다. 이선제 묘지의 경우 그 후손들이 도난된 것도 모르고 있다가, 낯선 땅에 이렇게 와 있다는 사실을 듣고 큰 상실감을 느끼고 있어요. 후손들의 마음을 생각해 주셨으면 합니다."

"내가 어떻게 했으면 좋겠소?"

"선생님께서 저희 취지를 잘 헤아려서 이것을 돌려주시면 어떨까 싶어요. 저희 재단이 선생님에게 돈을 주고 구입하는 방법도 있지만, 혹시 기증하는 방안도 한번 고민해 주시면 좋겠어요. 기증자의 뜻이 명예롭게 잘 알려질 수 있도록 저희도 최선을 다하겠습니다."

재단에서는 기증자의 명예를 지켜 주겠다고 하며 기증을 제안했어요.

"나도 이 문화재를 적지 않은 돈을 주고 구입을 한 것이오. 더구나 이것을 구입할 때는 그렇게 불법으로 온 물건인지 알지도 못했소. 불법 유출된 것을 알았으면 나 역시도 구입하지 않았을 것이오. 또한 나도 이 유물을 같은 마음으로 아껴 왔소. 내게 생각할 시간을 주시오."

재단과 다카시는 2017년 2월까지 묘지 반환과 관련한 협상을 마무리하기로 하고 헤어졌어요. 그러나 안타깝게도 다카시는 2016년 11월 그만 투병 끝에 생을 마치게 돼요. 이제 이선제 묘지의 소유권은 그의 부인에게 넘어갔어요. 재단은 2017년 2월 다시 일본으로 가서 다카시의 부인을 설득하기로 해요.

설득을 거치고 나서 한 달 뒤, 다카시의 부인인 도로키 구니에에게 반가운 연락이 왔어요. 이선제 묘지를 한국에 기증하겠다는 의사를 전해 온 거예요. 그리하여 2017년 9월 19일 국립 중앙 박물관에서 '아름다운 기증, 분청사기 이선제 묘지 기증식'을 진행했어요.

"저는 이선제 묘지를 한국에 돌려주기 위해 이 자리에 섰습니다. 한국 미술을 애호했던 남편은 살아생전에 이 묘지를 무척 아꼈어요. 한국인과 일본인 모두 조상을 공경하는 마음은 똑같기 때문에 예술적 가치 이상으로 중요하다고 말해 왔어요. 저는 남편의 뜻을 최대한 존중하여 이처럼 기증에까지 이르게 되었어요. 제 남편이 비록 이 자리에 함께하지 못했지만, 분명 하늘에서 크게 기뻐할 거라고 생각합니다."

기증식 자리에 선 도로키 구니에는 차분히 말을 이어 갔어요.

"저희 부부가 이선제 묘지를 한국에 돌려드리는 일이 두 나라의 우의를 키우는 데 보탬이 될 수 있기를 바랍니다. 이 유물이 한일 우호의 끈으로 후세에 남을 수 있기를 기원합니다."

이렇게 하여 1998년 일본으로 반출되었던 이선제 묘지는 19년 만에 드디어 한국 땅으로 돌아와요. 이선제 묘지가 고국으로 다시 돌아오기까지는 많은 사람의 노력이 있었어요. 사전에 반출 금지를 내리고 보고서를 작성했던 김해 공항 문화재 감정관, 이것을 일본 도쿄에서 찾아낸 국외 소재 문화재 재단 직원, 환수를 위해 소장자를 만나면서 협상을 진행했던 재단 직원 등의 노력이 함께 어우러져 가능했어요. 그리고 불법 거래된 유물인지 알지 못한 채 거액을 주고 구입한 것을 기증한 일본인 부부와 그 과정에서 기증을 함께 설득한 고미술상 등도 큰 역할을 한 것

이랍니다. 문화재 반환은 국적이나 종교, 정치적 관계, 돈의 이해관계도 뛰어넘을 만큼 가치 있는 일이라는 것을 다시금 느끼게 해 주는 사례였어요.

◆ '12. 일본으로 빠져나간 묘지를 찾아오다' 편은 국외 소재 문화재 재단이 발행한 《이선제 묘지 귀향 이야기(박종분 저)》를 재구성하였습니다.

문화재 발걸음

해외에서 어렵게 우리나라로 돌아온
문화재를 직접 만나러 가 볼까?
함께 역사의 발자취를 따라가 보자.

1. 프랑스에서 세계 최초 금속 활자본을 찾고 증명하다
박병선: 《직지심체요절》

청주 고인쇄 박물관

홈페이지: http://cheongju.go.kr/jikjiworld/index.do

《직지심체요절》과 관련된 자료는 충청북도 청주에 자리한 고인쇄 박물관에서 볼 수 있어요. 고인쇄 박물관이 청주에 있는 이유는, 바로 《직지심체요절》이 청주 흥덕사에서 시작되었기 때문이랍니다. 1985년에 청주에서 '흥덕사'라고 새겨 있는 유물을 발굴하면서 고려 시대 흥덕사가 있던 자리를 밝힐 수 있었는데, 그 자리에 오늘날 고인쇄 박물관이 세워져 있지요. '고인쇄'란 옛날 인쇄물을 의미하는 거예요.

박물관 본관에서는 《직지심체요절》이 프랑스로 건너가 발견되기까지 과정을 구성한 전시물과 2001년에 《직지심체요절》이 유네스코 세계 기록 유산으로 등재된 것을 증명하는 인증서를 볼 수 있어요. 금속 활자 전수 교육관에서는 무형 문화재 장인이 금속 활자를 만드는 과정을 직접 볼 수 있어요.

청주 고인쇄 박물관

2. 일본에서 경복궁 건물 일부를 찾다
김정동: 경복궁 자선당 유구

경복궁 자선당과 자선당 유구

홈페이지: http://www.royalpalace.go.kr/

경복궁 안으로 들어가 동쪽 문인 건춘문을 지나면 자선당이 있어요. 이 건물은 2001년에 복원된 것이지만, 일본 오쿠라 호텔 정원에 방치되어 있다가 한국으로 돌아온 자선당 유구를 이용해 지은 건 아니에요. 경복궁 복원 사업 때 자선당 유구를 사용하려고 노력했지만 1923년 일본에서 발생한 지진과 화재로 크게 훼손되어 불가능했어요.

대신 그때 되돌려 받은 자선당 유구는 1999년에 경복궁 안에 있는 건청궁 옆으로 옮겨서 배치해 놓았답니다. 자선당과 함께 유구도 꼭 한번 찾아가 이를 되찾기까지 있었던 일들을 떠올려 보세요.

복원된 자선당 건물

3. 독일 수도원에서 겸재의 그림을 찾고 가져오다
유준영과 선지훈: 겸재 정선 화첩

겸재 정선 미술관

홈페이지: http://gjjs.or.kr/

서울 강서구 가양동에는 겸재 정선 미술관이 있답니다. 국립 중앙 박물관에 보관 중인 정선의 화첩 외에 또 다른 겸재 그림을 볼 수 있는 곳이에요.

이곳에 겸재 정선 미술관이 지어진 것은 겸재 정선의 행적과도 관련이 있어요. 정선은 1740년부터 1745년까지, 나이 예순다섯 살부터 일흔 살 나이에 양천 현령을 맡게 돼요. 오늘날로 치면 강서구청장으로 근무했다고 생각하면 돼요. 조선 시대에 정선이 현령의 업무를 보던 건물 자리에 겸재 정선 미술관을 세운 것이랍니다.

미술관 2층으로 올라가면 정선의 그림들을 감상할 수 있어요. 특히 정선이 그린 조선 시대 풍경과, 오늘날 풍경을 비교해 볼 수 있는 영상이 있어 정선이 실제 풍경을 보고 그림에 담았음을 확인해 볼 수 있어요.

겸재 정선 미술관

4. 임진왜란 속에서 《조선왕조실록》을 지켜 내다
안의와 손홍록: 《조선왕조실록》

전주 경기전

홈페이지: http://www.eojinmuseum.org/

조선 전기에 실록을 보관하던 장소 중 하나인 전주 사고는 전라북도 전주의 경기전 안에 있어요. 복원된 실록각 2층에서는 실록과 관련한 전시물을 볼 수 있어요. 《조선왕조실록》의 제작 과정과 방법, 보관 방식, 임진왜란 당시의 이동 과정 등을 모형물로 재현해 놓았어요.

전주 경기전은 특히 포쇄 재현 행사를 할 때 방문하면 좋을 거예요. '포쇄'란 실록을 꺼내서 햇볕과 바람에 말리는 작업을 말해요. 실록을 오랫동안 보존하기 위해 조선 시대부터 정기적으로 실시했던 행사죠. 전라북도 전주시에서는 1년에 3회(5월, 7월, 9월) 이것을 재현하는 행사를 한답니다.

실록과 관련한 다양한 자료가
전시되어 있는
전주 경기전 실록각

5. 일본에 흩어진 우리 문화재를 모으다
정조문: 고려 미술관

고려 미술관

홈페이지: www.koryomuseum.or.jp

정조문이 세운 고려 미술관은 일본 교토에 있어요. 고려 미술관에는 정조문이 평생을 모은 우리 문화재가 1,700여 점 있답니다. 도자기, 그림, 불상, 금속 공예 등 다양한 문화재가 있어요. 미술관 마당에는 정조문이 오랜 기간 주인을 설득해서 구입해 온 고려 시대 석탑도 있어요. 미술관은 정조문이 살던 집을 개조한 것이라 규모는 작지만 일본 땅에 흩어져 있던 우리 문화재들이 모여 있는 무척 의미 있는 곳이에요. 해외에 우리나라 문화재만으로 구성된 미술관은 고려 미술관뿐이랍니다.

석탑이 있는 고려 미술관 마당

6. 추사 김정희의 그림과 얽히다
손재형, 후지즈카 부자(父子), 손세기와 손창근: 〈세한도〉

제주 추사 적거지와 추사관

홈페이지: http://www.jeju.go.kr/chusa/index.htm

제주특별시 대정읍에는 '추사관'이라는 건물이 있어요. 추사관은 삼각 지붕에 동그란 창문이 있는 모습이에요. 추사 김정희가 유배 시절에 제자 이상적에게 그려 준 〈세한도〉 속 집과 비슷한 모양이지요. 건축가는 〈세한도〉 속 집을 염두에 두고 2010년에 이 건물을 지었다고 해요. 건물은 전체적으로 낮고 소박해 보여요. 건축가는 그곳이 유배지였던 만큼 소박한 느낌을 살리고자 했던 거죠. 추사관이 세워진 곳은 추사 김정희가 제주에 내려와서 9년이나 머물던 당시에, 가장 오랫동안 거주했던 집터랍니다.

이곳에서는 추사관 건립 당시 문화재청장이었던 유홍준 교수가 기증한 30여 점의 김정희 자필 편지와 비석을 본뜬 탁본 등을 볼 수 있어요. 그밖에 다른 소장자들이 기증한 것까지 포함하여 김정희의 작품 100여 점을 감상할 수 있답니다.

제주 추사관

김정희가 유배 기간에 머물렀던 집을 복원한 곳

7. 조선의 석탑을 돌려주라고 외치다
베델과 헐버트: 개성 경천사지 십층 석탑

양화진 외국인 선교사 묘원

홈페이지: http://www.yanghwajin.net/v2/

베델과 헐버트의 무덤이 있는 양화진 외국인 선교사 묘원은 서울 합정동에 자리하고 있어요. 이곳에 처음 외국인 묘지가 조성된 것은 130여 년 전의 일이에요. 최초의 서양식 병원인 광혜원 원장이며 의료 선교를 하던 헤론의 묘지를 시작으로 해방 전까지 이곳에는 15개국 400여 명의 외국인이 안장돼요. 정식 명칭은 '외국인 선교사 묘원'이지만 선교사뿐 아니라 근대 초기의 교육계, 언론계, 의학계 인물들이 함께 묻혀 있지요.

1909년에 한국에서 사망하여 이곳에 묻힌 영국인 기자 베델과는 달리, 미국인 기자 헐버트는 미국에 돌아갔다가 해방 이후 한국에 돌아옵니다. 미국에서도 3·1 운동을 알리는 기사를 쓰는 등 독립운동에 지지를 보내 준 답례로 대통령이 한국에 초청한 거예요. 하지만 워낙 고령이었기 때문에 얼마 뒤 세상을 떠나고 말아요. 헐버트는 유언에 따라 외국인 선교사 묘지에 안장되었어요.

양화진 외국인 선교사 묘지

8. 신미양요 때 빼앗긴 깃발을 되찾아 오기 위해 행동하다
토마스 듀버네이: 어재연 수자기

강화 역사 박물관과 광성보

홈페이지: http://www.ganghwa.go.kr/open_content/museum_history/

1871년 신미양요 때 미군이 가져갔던 수자기는 현재 강화 역사 박물관에 있어요. 강화 역사 박물관 '조선·근대 강화실'에 가면 신미양요를 재현해 놓은 전시장이 있어요. 광성보 아래 해안에서 성벽으로 기어오르는 미군 병사들과 그들과 맞서 싸우는 어재연 장군 부대원의 모습을 볼 수 있지요. 그 위로 실물 크기의 수자기 복제본이 붙어 있어요. 실제 수자기는 보존을 위해 박물관 수장고에 보관 중이랍니다.

신미양요가 일어났던 강화 광성보도 강화 역사 박물관과 가까이 있어요. 광성보에는 어재연 장군과 그의 동생 어재순을 기리는 비석도 있답니다. 또한 당시 순국한 300여 명의 이름 없는 병사들의 무덤과 비석도 살펴볼 수 있어요. 광성보 끝에 있는 용두 돈대는 '용의 머리'라는 말뜻처럼 돌출된 바위 위에 세운 돈대예요. 강화도 앞바다를 지키기 위해 중요한 요새 역할을 한 곳이랍니다.

강화 광성보

9. 우리 문화재를 무상으로 돌려주다
독일 로텐바움 박물관과 오틸리엔 수도원: 조선 시대 문인상과 면피갑

우리 옛돌 박물관

홈페이지: http://www.koreanstonemuseum.com/

독일 로텐바움 박물관이 문인석을 돌려준 것과 비슷한 사례를 하나 더 소개할게요. 2019년에 어느 일본인 부부가 문인석을 비롯한 석조 유물 여덟 점을 기증했어요. 자신의 부모가 경매를 통해 구입했던 것들을 우리나라에 돌려준 거예요. 일본인 부부가 기증한 석조 유물은 '우리 옛돌 박물관'에서 보관하고 있어요.

우리 옛돌 박물관은 관장이 40여 년 동안 국내외에 흩어진 석조 유물을 수집해서 모아 둔 곳이에요. 문인석, 동자석, 벽수, 석탑 등 돌로 만든 유물들을 무려 1,000여 점 넘게 소장하고 있답니다. 20여 년 전에는 일본에 유출된 석조 문화재 70여 점을 구입해 오기도 했지요. 이런 것들을 모아서 전시하는 '환수 유물관'이 별도로 조성되어 있어요.

우리 옛돌 박물관 전경

우리 옛돌 박물관의 전시실 모습

10. 진주 대첩 김시민 장군 문서를 찾고 가져오다
방송 프로젝트와 대국민 모금 운동: 김시민 선무공신교서

국립 진주 박물관

홈페이지: https://jinju.museum.go.kr/

국립 진주 박물관은 진주성 안에 있어요. 진주성은 바로 임진왜란 당시 진주 대첩이 벌어진 곳이죠. 박물관이 진주성 안에 자리 잡은 만큼 진주성의 경관을 해치지 않게 건물 높이도 낮게 설계되었어요. 진주 박물관은 '임진왜란 특성화 박물관'이에요. 그래서 '임진왜란실'이 따로 있고, 이곳에서 김시민 선무공신교서를 볼 수 있어요.

국립 진주 박물관에는 '두암관'이라는 특별한 별관이 있어요. 이곳은 두암 김용두의 호를 딴 건물이에요. 두암 김용두는 일본에 살면서 우리 문화재를 수집해 왔어요. 그리고 도자기, 그림 등을 비롯한 190여 점의 문화재를 국립 진주 박물관에 기증했지요. 이중에는 정조 임금이 직접 쓴 글씨도 있답니다.

국립 진주 박물관

11. 임진왜란 정문부 장군의 비석을 찾아오다
불교계 민간단체 외 여러 단체와 정부 기관: 북관 대첩비

국립 고궁 박물관

홈페이지: https://www.gogung.go.kr/

일본에서 되찾아 온 북관 대첩비는 함경북도에 있어 지금은 볼 수가 없어요. 하지만 모양이 같은 복제본을 경기도 의정부 정문부 장군 묘역, 충청남도 천안 독립 기념관, 서울특별시 국립 고궁 박물관에 가면 볼 수 있어요. 이 가운데, 경복궁을 방문했던 친구들이라면 북관 대첩비를 지나가다가 한번쯤 봤을 수도 있답니다. 경복궁 정문인 광화문으로 들어가서 왼편에 국립 고궁 박물관이 있는데, 그 앞마당에 북관 대첩비 복제본이 세워져 있어요. 앞으로는 경복궁에 갔을 때 북관 대첩비를 꼭 찾아보고, 이를 되찾아 온 과정을 떠올려 보기로 해요.

국립 고궁 박물관 앞에 있는 북관 대첩비 복제본

12. 일본으로 빠져나간 묘지를 찾아오다
국외 소재 문화재 재단: 이선제 묘지

국립 중앙 박물관 기증관

홈페이지: https://www.museum.go.kr/

이선제 묘지는 현재 국립 중앙 박물관에 보관 중이에요. 하지만 이선제 묘지는 박물관에 갈 때마다 볼 수 있는 것은 아니랍니다. 전시장 조명으로도 유물이 손상될 수 있기 때문에 일정 기간 전시된 뒤에 지하 수장고에서 휴식을 취하기도 해요. 대신 국립 중앙 박물관 2층에 있는 '기증관'에 가면 기증된 다른 유물을 볼 수 있어요. 이곳에는 이홍근실, 박병래실 등 기증자 이름을 딴 전시실로 구성되어 있어요. 이홍근은 토기, 기와, 금속공예, 도자기, 그림 등 유물을 무려 4,900여 점이나 기증했고, 박병래 역시 유물 360여 점을 아무 대가 없이 내놓았어요. 한국인뿐만 아니라 가네코 가즈시게, 이우치 이사오 등 일본인 기증자의 전시실도 있어요.

박병래의 대표 기증 유물
백자 청화 꽃무늬 조롱박 모양 병

이홍근의 기증 유물
백자 찻주전자

참고 자료

단행본

- 강우방·신용철, 《탑》, 솔, 2003
- 박시백, 《조선왕조실록19: 고종실록》, 휴머니스트, 2012
- 오주석, 《오주석의 옛 그림 읽기의 즐거움1》, 솔, 2005
- 유홍준, 《안목》, 눌와, 2017
- 유홍준, 《유홍준의 한국 미술사 강의 3》, 눌와, 2017
- 이광표, 《명품의 탄생》, 산처럼, 2009
- 정조문·정희두, 《성조문과 고려미술관》, 다연, 2013
- 국립중앙 박물관, 《국립중앙박물관 100선》, 안그라픽스, 2011
- 국외 소재 문화재 재단, 《이선제 묘지 귀향 이야기》, 눌와, 2018
- 안휘준, 유준영, 선지훈, 박은순, 조인수, 케이 E. 블랙, 에카르트 데게, 박정애, 《왜관수도원으로 돌아온 겸재정선화첩》, 사회평론아카데미, 2013
- 국외 소재 문화재 재단, 《우리 품에 돌아온 문화재》, 눌와, 2013
- 문화재청, 《수난의 문화재》, 눌와, 2008
- MBC 느낌표 위대한 유산 74434 제작팀, 《위대한 유산 74434》, 지식의숲, 2007
- KBS 역사 스페셜 제작팀, 《우리 인물, 세계와 통하다》, 가디언, 2011
- 《조선고적도보 6》, 조선 총독부, 1918

정기 간행물

- 강옥엽, 「136년 만에 우리 품에 온 어재연 장군의 '수자기(帥字旗)'」, 《월간 문화재사랑》, 문화재청, 2016년 1월호
- 김사덕, 「관(官)과 민(民), 남북 협력으로 환수 북관 대첩비」, 《월간 문화재사랑》, 문화재청, 2016년 7월호
- 김진희, 「먼지 쌓인 책과 낡은 건물 속에 빛나는 김정동 교수의 문화재 사랑」, 《월간 문화재사랑》, 문화재청, 2009년 10월호
- 박병선, 「학술회의-직지와 나」, 《프린팅 코리아》, 대한 인쇄 문화 협회, 2005년 10월호
- 박은순, 「전통 회화 대가, 정선의 색채를 담은 겸재 정선 화첩」, 《월간 문화재사랑》, 문화재청, 2016년 2월호
- 박종분, 「문화재를 지킨 사람들: 〈겸재 화첩〉, 문화재 반환의 모범 사례를 이끌어 낸 성 베네딕도회 왜관 수도원 선지훈 신부」, 《월간 문화재사랑》, 문화재청, 2009년 9월호
- 신병주, 「실록과 사관, 최고의 권력에도 굴하지 않았던 기록 정신」, 《월간 문화재사랑》, 문화재청, 2013년 10월호
- 신병주, 「조선왕조실록과 기록 문화」, 《제8회 박물관역사문화교실》, 국립 중앙 박물관, 2016
- 안지원, 「인터뷰: 박병선-프랑스 소재 '직지심경' 외규장각 도서 발굴」, 《역사비평사》, 2004년 2월호
- 이광표, 「컬렉터와 명품의 탄생: 컬렉터 손재형과 추사의 세한도」, 《월간 미술세계》, 2015년 12월호
- 이순우, 「아무도 몰랐던 동아일보의 근정전 일장기 말소 사건」, 《내일을 여는 역사》, 2017년 여름호
- 이혜민, 「영화도, 역사도 좋아서 하는 일-인터뷰: 최선일 문화재 감정 위원」, 《월간 문화재사랑》, 문화재청, 2018년 1월호
- 이홍기, 「故박병선 박사의 업적II-외규장각 의궤의 귀환」, 《도서관문화》, 한국 도서관 협회, 2013년 5월호
- 황정하, 「인류 최초의 발명품, 금속 활자 직지를 금속 활자 발명국 코리아의 증거물」, 《계간 기록인(IN)》, 국가 기록원, 2012년 가을호

논문

- 이광표, 〈근현대 고미술 컬렉션의 특성과 한국미 재인식〉, 고려 대학교 박사 학위 논문, 2014

신문 기사

· 강구열, 「강구열의 문화재 썰전: 불법 반출된 한국 유물을 반환합니다. 독일 박물관의 양심」, 《세계일보》 2019. 2. 21
· 김상수, 「정조문은 '삐뚤어진 고대 한일 관계사'를 바로 잡고자 했다」, 《미디어오늘》 2013. 6. 7
· 김상수, 「문화재를 되찾은 것, 정조문의 치열한 '독립 투쟁'이었다」, 《미디어오늘》 2013. 6. 10
· 김영숙, 「통일된 조국에 미술관 기증, 이 남자가 못 이룬 꿈-인터뷰: 일본에 고려 미술관 세운 정조문 씨 일생 영화에 담은 최선일 프로듀서」, 《오마이뉴스》 2016. 12. 1
· 김하영, 「'일본의 간송' 정조문을 아시나요」, 《불교신문》 2014. 8. 11
· 손규성, 「김정동 교수 인터뷰-찾아와야 할 문화유산 아직도 많죠」, 《한겨레신문》 1994. 11. 29
· 신형준, 「수자기(帥字旗)와 미국인 교수」, 《조선일보》 2007. 05. 11
· 오명철, 「자선당 돌아왔다」, 《동아일보》 1995. 12. 31
· 유광석, 「'불법 반출' 조선 시대 문화재 귀향… 독일 박물관 자진 반환」, 《KBS 뉴스》 2019. 3. 20
· 유성운, 「우리 문화재 日서 팔리는데 화 안 나세요」, 《동아일보》 2006. 07. 29
· 이광빈, 「독일서 조선 문인석 반환식 열려, 36년 만의 귀환」, 《연합뉴스》 2019. 3. 20
· 이기환, 「이기환의 흔적의 역사: 아무도 눈치 못 챈 세종 대왕의 업적을 지켜 낸 사람들」, 《경향신문》 2017. 12. 28
· 이동관, 「일제 때 빼앗긴 경복궁 자선당, 80년 만에 돌아올 듯」, 《동아일보》 1995. 7. 26
· 이생, 「북관 대첩비」, 《동아일보》 1926. 6. 19
· 인현우, 「재일 한국인 문화재 수집가 정조문 그의 조국 사랑, 사진으로 만난다」, 《한국일보》 2015. 6. 11
· 최정훈, 「일제가 가져갔던 경복궁 자선당 80년 만에 고국 품으로」, 《경향신문》 1995. 12. 31
· 황정수, 「일본에 간 김정희의 세한도, 어떻게 돌아왔을까-근대 서예가 소전 손재형」, 《오마이뉴스》 2018. 11. 15

다큐멘터리

· EBS 다큐멘터리: 「광복 70주년 특별 기획: 위대한 유산-조선백자의 꿈」, 2015.

사진 제공

국립 중앙 박물관 23쪽, 68쪽, 72쪽, 80쪽, 95쪽, 117쪽, 125쪽, 138쪽, 161쪽
청주 고인쇄 박물관 15쪽, 18쪽, 150쪽
국립 고궁 박물관 55쪽, 110쪽
국외 소재 문화재 재단 106쪽, 107쪽, 139쪽, 140쪽
성 베네딕도회 왜관 수도원 38쪽, 40쪽
(주)코베이옥션 35쪽
국립 진주 박물관 159쪽
통영 시립 박물관 96쪽
국립 광주 박물관 139쪽
우리 옛돌 박물관 158쪽
유준영 38쪽
안민영 31쪽, 48쪽, 49쪽, 85쪽, 151쪽, 153쪽, 155쪽, 156쪽, 157쪽, 160쪽

도서출판 책과함께는 이 책에 실은 모든 도판 자료의 출처와 저작권자를 찾아 허락을 받고자 노력했습니다.
허가를 받지 못한 일부 도판은 저작권자가 확인되는 대로 사용 허가를 받고 일반적인 사용료를 지불하겠습니다.

잊힌 역사의 조각들을 되찾다
문화재를 지킨 사람들

1판 1쇄 2020년 9월 14일
1판 2쇄 2021년 5월 21일

글 | 안민영 · 그림 | 허지영

펴낸이 | 류종필 · 편집 | 장이린, 설예지 · 마케팅 | 이건호 · 경영지원 | 김유리
책임편집 | 고양이 · 디자인 | Studio Marzan 김성미

펴낸곳 | (주)도서출판 책과함께 · 주소 | 서울시 마포구 동교로 70 소와소빌딩 2층
전화 | 02-335-1982 · 팩스 | 02-335-1316 · 전자우편 | prpub@hanmail.net
블로그 | blog.naver.com/prpub · 등록 | 2003년 4월 3일 제2003-000392호

이 책의 저작권은 지은이 안민영과 그린이 허지영, (주)도서출판 책과함께에 있습니다.
이 책의 내용을 이용하려면 저작권자와 출판사에게 모두 서면동의를 받아야 합니다.
잘못된 책은 구입하신 서점에서 바꾸어 드립니다.

이 도서의 국립중앙도서관 출판예정도서목록(CIP)은 서지정보유통지원시스템 홈페이지(http://seoji.nl.go.kr)와
국가자료종합목록 구축시스템(http://kolis-net.nl.go.kr)에서 이용하실 수 있습니다.
(CIP제어번호 : CIP2020034725)

ISBN 979-11-88990-83-2 73910